成田奈緒子

JN052402

高学歴親という病

講談社+α新書
プラスアルファ

まえがき

私の前作は、山中伸弥教授との共著『山中教授、同級生の小児脳科学者と子育てを語る』（２０２１年10月刊行）です。おかげさまで好評をいただき、それ以来、代表を務める「子育て科学アクシス」（千葉県流山市、以下アクシス）に相談に来られる親子も増えました。

山中君は私にとって、ノーベル賞科学者というよりは、優しくてユーモアのある大学の同級生です。だから本のなかでズケズケと関西弁で山中君にダメ出しをしたりして、申し訳なかったと思っています（笑）。

そんな私の姿を本で知ってくださったのか、最近は比較的学歴の高い親御さんが以前に増して相談に来られるケースが増えていると感じます。高学歴の親御さんはおしなべて研究熱心であり、でも一度迷いが生じると、どんどん深く悩んでしまって八方塞がりになる傾向があるようです。

たとえば、こんなことを言う親御さんがいました。

「今でも夢の中に母親が出てきて、叱られて飛び起きることがあります。あの問題集はちゃんとやったのか、期日までにこれをやらないと許さない、などと厳しく言われて。いまだに恐怖を感じます。成田先生と話して、親から受けた教育がトラウマになっているんだと、よくわかりました」

いま子育てをしている中心世代は団塊ジュニアと呼ばれ、子どもの頃に激しい受験競争にさらされた人も多いです。いわゆる「教育ママ」に厳しくされて、その体験が大人になってもトラウマとして残っている、というわけです。

その方は、自分の母親のように子育てをしてはいけないと頭ではわかっているのですが、結局は同じことをしてしまっているのではないか、と深く悩んでいました。自分が育てられたようにしか育てられない、というのは、一面の真実ではあります。他者からのアドバイスを受けなければ、そうなってしまうのも仕方のないことです。

また、こんなことを言う親御さんもいます。

「自分は望む大学に行けなかった。この子には、自分が手に入れられなかった学歴を手に入れてほしい」

これは「リベンジ型の子育て」です。本文で詳しく述べますが、そんな理由で勉強を強要すると、いつの日か子どもから不満のブーメランが返ってくることになります。


なぜ高学歴な親御さんほど、子育てに悩むのか。

私は多くの実例に接して、そこにはいくつかの理由と傾向があると突き止めました。理由と傾向があるからには、対策もあります。アクシスでは実際に、崩壊寸前だった家族が元通り元気になっています。

私自身のそうした経験と知見を踏まえて、子育てに悩む高学歴の親御さんたちにアドバイスを届けるために書いたのが、本書です。

出版社から提案された『高学歴親という病』というタイトルは、かなり刺激的で当初は抵抗がありました。ただし、高学歴の親たちは、日本の「学歴偏重主義という病」に冒されていると考えることができます。実際に高学歴な親御さんも、ご自身がいわゆる高学歴ではなく、それゆえに「学歴偏重主義」に陥っている親御さんも、同じように子育てに悩んでいるケースが多いのです。タイトルの「高学歴親」という言葉は、その両方の意味を含んでいるとご理解ください。

ひとりっ子が増えている今の時代、子育ては「人生で一度きり」の体験になるので、やり直しがきかない、と力む気持ちはわかります。でも、だからといって狭い視野で子育てをしてしまうと、そのしわ寄せは子どもにいきます。そして、子どもがバランスを崩すと、家族全体が不幸になってしまいます。

高学歴な親御さんほど、意外と孤独で視野が狭くなりがちなことは、本書の中でも指摘しています。だからこそ、「自分だけではわからないことがある」「世の中にはまだ自分の知らない子育ての知見がある」ことをまず、理解していただきたいのです。自分の受けた教育がすべてではないし、自分の受けた教育がお子さんにとっても最良だとは限りません。

多様性の時代です。社会に求められる人物像も時々刻々と変わっていきます。だからこそ、どんな時代でもどんな環境でも通用する、「普遍的な人間力」がより必要になっていきます。

本書には、お子さんにそれを身に付けさせるための方法が書かれています。ひとりで悩まず、ぜひ手に取っていただけたら幸いです。

2023年1月

成田奈緒子

高学歴親という病　目次

第2章 心配しすぎの高学歴親──39

＊本書に出てくる事例に関しては、相談者のプライバシー保護のため、内容に影響を与えない範囲で属性やエピソードを改変しています。

ブックデザイン　鈴木成一デザイン室
本文構成　島沢優子

第1章

「高学歴親」の子育てリスク

三大リスクは「干渉・矛盾・溺愛」

ある親子イベントに参加した日のことです。

「子どもたちがさ、何かおかしいのよ」

木工工作の体験コーナーを提供している女性が主催者の方に訴えている内容が気になり、つい首を突っ込んで話を聞かせてもらいました。

何年も前からこのイベントに参加されているこの女性によると「4~5年前くらいから、子どもが自分から工作を始めなくなった」というのです。

床に敷いたビニールシートの上には、いろいろな形をした木片を山のように置いてある。それらを自由に使って、ボンドで貼り付けて好きなように作っていくという、いかにもワクワクする体験コーナーです。子どもを自由に遊ばせて「親は離れたところから見守りましょう」がコンセプトでした。子どもたちは「わーい！」と飛びついて、ガシガシ作り始める――そんな姿が見られました。

ところが、女性が話したように子どもたちはなぜか「途方にくれる」ようになってきました。この変化に呼応するように、親がべったりと子どもに張り付いたまま離れないケースが目立ってきました。結果、途方にくれる子どもに親が指示して木工作品を作らせてしまうのです。

「ほら、その出っ張った角に、あっちにある丸い木片だよ。ううん、それじゃない。その隣のやつ。そう、それをくっつけたらいいんじゃない？」

そんなふうに、永遠に指示を出していました。それに子どもは素直に従うのです。

以前なら子どもが木片をどんどんくっつけていって、気づいたら自分の背を越える巨大作品になってしまい、「持って帰れなーい！」なんていう面白いことも結構あったそうです。

「でも、最近はそういうのもまったくなくなったわね。電車に乗るときに恥ずかしいとか、家に置く場所がないとか、大人はいろいろ考えるのでしょうね」

体験コーナーの提供者である女性は残念そうでした。

実はこれ、２０１６年の話です。その後、また子どもが飛びつくようになったとは聞きません。この女性や、子どもにかかわって三十数年になる私は、日本の子どもの姿を縦断的に見続けています。それゆえ「子どもがどんどんおかしくなっている様子」がよく見えます。

これに対し、現在進行形で子育て中の親は、自分の子どもと同じ年齢群しか見られません。つまり、見方が横断的なため「みんなそうじゃん」とそこまで気になりません。

女性は6年前に「工作をしなくなったのは4～5年前」と指摘しているので、少なくとも10年ほど前から確実に変化しているのです。

これは怖い。かなり警戒しなくてはいけない。何か手を打たなくてはと考えたとき、修正すべきはやはり大人、親のほうだという結論に達しました。

大人に見守られつつ自由に泳がされることで、子どもは初めて自分で考えて行動できます。その結果、時に失敗して叱られたり、怖い思いをしたり、恥をかいたりします。このことが記憶に残って「以前はこうして失敗したから今回はこうしよう」と修正できます。このトライ＆エラーを繰り返すことで成長し、脳内に

「抑止力」も作られるのです。

ところが、多くの親は子どもを自由に泳がせることができない。自ら考える力、課題解決能力や主体性を、実はわが子に植え付けていないどころか奪っているのではないか。そんな疑問を持ち続けてきた私はこの後、親たちが内面に抱える問題を突き止めるのです。

親子イベントを訪ねた翌年の２０１７年のこと。

「うわっ、やっぱり見事にへこんでるね〜」

そのグラフを見た私は、思わず声をあげました。私が勤務する文教大学教育学部の学生２人が、親の養育態度を「親自身の自己評価」と「子どもから見た親の客観的評価」という２つの角度からあぶりだす調査を開始。５つの領域で10項目に分かれた心理検査（ＴＫ式診断的新親子関係検査）の第１回目の結果に、目を見張りました。

・親が子を拒否する態度である「不満」「非難」
・親が子に対し支配的になる「厳格」「期待」
・親が過度に世話を焼き、過保護といわれる状態になる「干渉」「心配」
・親が子に服従するような態度になる「溺愛」「随順」
・親が子に伝えたことと、実際の行いが異なる「矛盾」「不一致」

検査の平均値を表したのが左ページの十角形のグラフです。得点が低いほど子育てに問題があることを示しています。50パーセンタイル（統計の代表値）より上は安全域とされ、その方の子育てはOKです。20〜50パーセンタイルは中間域。20パーセンタイルより下は危険域なので、子育ての見直しが必要です。

グラフをよく見ると「干渉・矛盾・溺愛」の3つがぺこんと落ち込んでいることがわかります。協力してもらった親子は6組と数は少ないものの、この3つがとくに低く、危険領域に近くなっています。

上述したように「干渉」は口出ししすぎる、世話を焼きすぎること。「矛盾」

2017年
TK式診断的新親子関係検査の
平均値

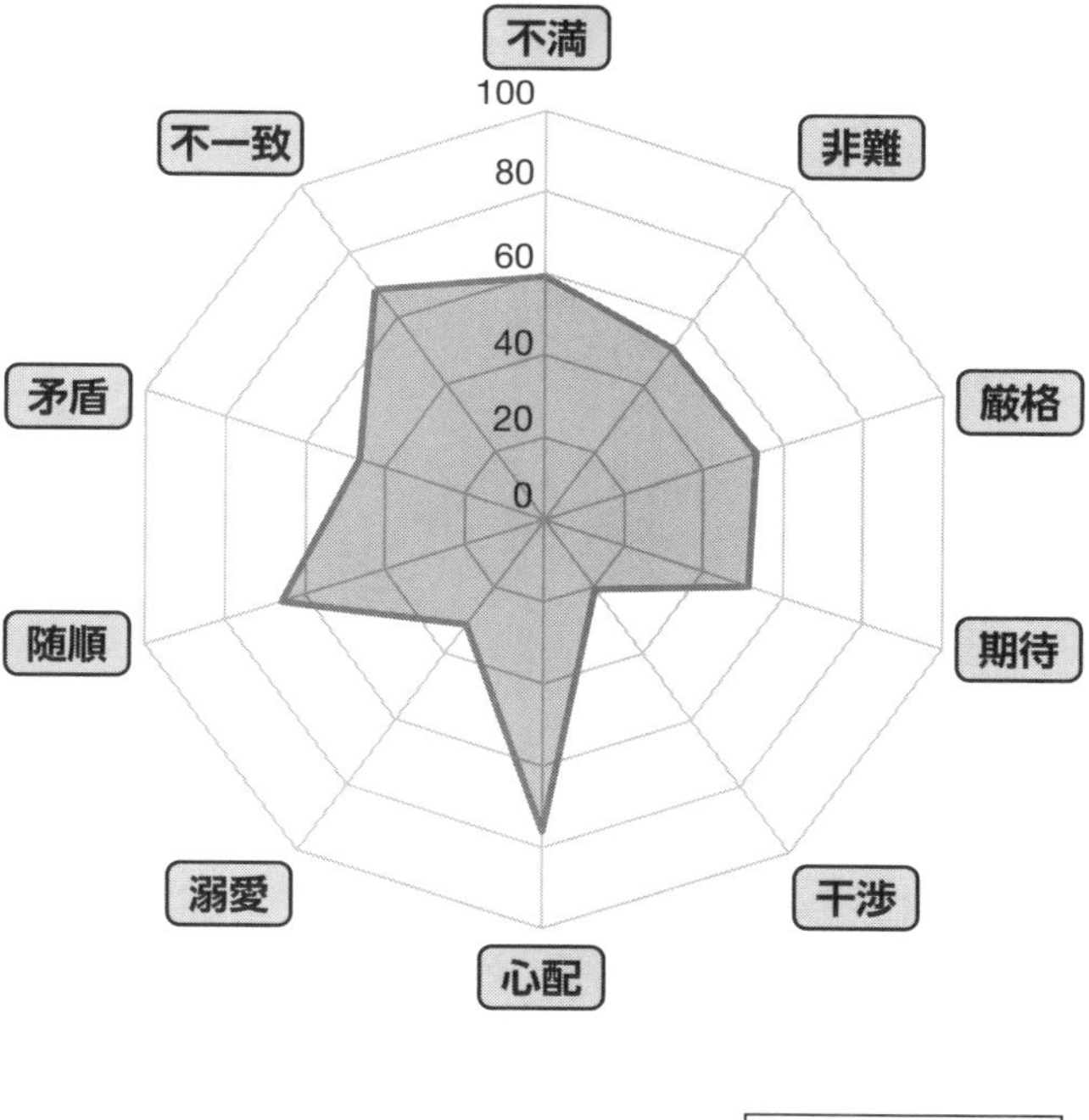

50〜　安全域
20〜50　中間域
〜20　危険域

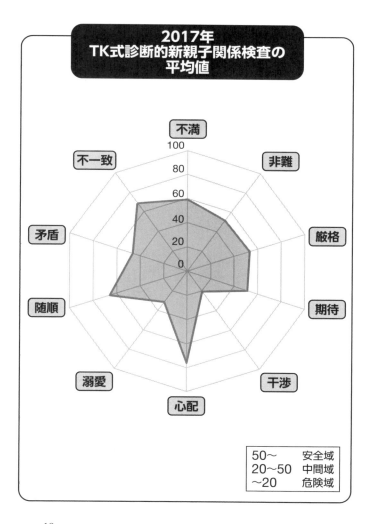

は、親の言動が子どもから見ると矛盾に感じてしまうこと。最後の「溺愛」は字の通り、猫かわいがりして過度に甘やかすことです。

これらが子育ての三大問題であるというひとつの結果は、私自身がずっと感じてきたことと一致しました。この調査に協力してくれた親子を含むアクシスの会員さんにも、病院の外来で出会う親子にも散見される要素でした。ちなみに協力してくれた親子は、私たちアクシスがかかわることですべての値が見事に良くなりました。それについては後の章で詳述することにします。

思い起こせば、木工工作で「ほら、その出っ張った角に」と指示した母親も同じです。自由に遊ばせ見守るのが目的のイベントに参加しているにもかかわらず、干渉しまくるという矛盾がうかがえます。親御さんたちはわが子への愛は非常に深い。ただ、少しだけ愛情の方向性や表現方法が間違っているのです。

なぜ高学歴親は「干渉」するのか

ここからは干渉・矛盾・溺愛という3つの「あぶない子育て」の実例を見てい

きましょう。

病院の外来で親子を診察するとき、子どもへの質問に親のほうが先に飛びつく場面は少なくありません。私が「夜は何時に寝てるの？」と尋ねれば、親のほうが先に「夜中の0時を回るんです」と答えます。そこで「私はこの子に聞いていますす」と訴えても、「いえいえ、私のほうがわかってますから」と聞き入れてくれません。

わが家の話で恐縮ですが、娘をひとり育てました。私は基本的に勉強は本人が楽しむためにするものと考えるため、家庭生活の中に含んでいません。もちろん、子どもがどうしても助けが欲しいというときはサポートしますが、自分でやれる範囲のことは自分でやるよう伝えてきました。受験料は支払いますが、願書などは自分で取り寄せ、自分で書き、何かの推薦書をとるといった手続きなども全部自分でやるように言いました。

凄まじい混乱ぶりでした。娘が願書を出したすべての大学から「不備がありま す」と電話がかかってくるのです。写真の貼り忘れ、誤字脱字。書いた願書はことごとく戻ってきました。娘は必死に対応して書き換え、3回ぐらい送り直していました。とはいえ、とても勉強になっただろうなと思います。浪人して2回目の願書提出の際はひとつも戻ってきませんでした。

他方、大学受験をする際に提出する入学願書をすべて母親が書いているという人の話を聞きました。就活の際に企業に送るエントリーシートを、子どもの代わりに書く親もたくさんいます。なぜ断言できるかというと、私の勤めている大学で経験しているからです。たとえば、大学の履修登録を子どもに代わって全部やってしまう親がいます。ほかにも、

「うちの子の精神保健福祉士の試験の願書をこちらで書いてあげました。ちゃんと封をして持たせたのですが、本当にポストに投函したかどうか見てやってください」

などと電話をかけてくる親もいました。

このように過干渉、過保護な親は、子どもの自立を阻みます。その結果、子どもは親の管理、コントロールができないところで他人に迷惑をかけたり、問題を

起こしたりするのです。

たとえば、こんな親子がいました。フルタイムで銀行員として働くマスミさんは、小学3年生の息子が持ち帰る宿題が気になって仕方がありません。

「声掛けをしないと、ぼうっとしていていつまでたっても宿題に手を付けないのです。宿題は？　と言うと机には座るのですが、またぼうっとしている。だから私も仕事から帰って疲れているけど息子の横に座って一つ一つ問題を解かせています。やればできない子ではないけど、とにかくやらないので、次第に声を荒げてしまいます。朝も、こちらも出勤前で急いでいるのにランドセルの前でぼうっとしているので結局怒りながら私がその日必要な教科書やノートを入れて、鉛筆を削って……。私、本当に疲れてるんです！」

アクシスにご相談にいらしたので、「いやいや、宿題も学校への持ち物も、子ども自身が困らない限り自分でやらないから、お母さんはほうっておいていいよ。それよりご自身の疲れをできる限り癒やしてください」とアドバイスしました。

「そうですよね！」とその時は納得して帰られるのですが、その後3ヵ月に1回くらいずつ、まったく同じご相談を繰り返しています。

何度同じアドバイスをしても、やはり息子の「できなさ」が気になる。私のアドバイスは思い出すものの、結局我慢できずに手を出してしまうようで……。息子ははや小学校6年生になっているので、過度なお母さんの手出しにイライラするようで、時折強い口調で言い返したり、お母さんに物を投げたりするらしいのですが、一方で、いまだに学校への持ち物を自分で揃えられないようです。

「どうして、私の思ったように育ってくれないんでしょうか。私はこんなに気にかけてあげているのに」と、マスミさんは今日も嘆いています。

「かっこつけ」ゆえに矛盾する高学歴親

偏差値65以上の中高一貫女子校に入った12歳の女子生徒が不登校になりました。学校に行こうと用意しはじめたとたん頭痛と吐き気がしてしまう。起立性調節障害と診断されました。娘のピンチにも、母親のメグミさんは笑顔を浮かべていました。

「私は本当に娘の体さえ良くなってくれればいいんです。学校に行かなくてもいい。学校を辞めさせてもいいと思っています」

でも、体調さえ良くなればと言う割には、「この子は英語が苦手なので、英語だけは遅れては大変なんです。だから、英語がある日だけは私が車で学校に送っていってます」と言います。メグミさんが学校に執着しているのは明白ですが、高学歴親は自分の野心をあからさまにすることを良しとしません。

ある日、学校で体育祭がありました。そのころには女子生徒は生活習慣の改善とともに、遅刻しながらも自力で通学できることが多くなっていました。自信が生まれたようで「体育祭には絶対に出たい。自分の体をちゃんと当日まで整えて今日は行けそうだと思ったら自分の意思で行きます」と意気込んでいました。

一方でメグミさんは「体育祭に出たりするとまた倒れたりしてそのあと学校に行けなくなるのではないでしょうか。周りのお子さんにも迷惑だし、私が先生にこっそり頼んで休ませてもらったほうがいいでしょうか」と言い出すわけです。

そこで私からメグミさんへのお説教が始まります。

本人がどうしても行きたいから何とかそれまでに調整すると言ってますよね。お母さんはそこを信頼すればいいだけのことです。もし気分が悪くなれば友達に「私ちょっと具合悪いから休ませてもらっていい？」と言えばいい。自分で決めたことなら、たとえ失敗してもそのあと自分で立ち直れます。

そう伝えると「そうですね」とうなずいてくれました。

親は不安だから子どもに干渉します。不安の元は人によりますが、一般的には「他の子と、みんなと同じであってほしい」という願望が見え隠れします。もう少し上を目指す人は「他の人よりも良くしたい」。それはたとえば学歴であったり、職業であったり。もしくは、スポーツで全国大会に行ったとか、大会で優勝したといった成果です。他の子よりも上に行かせたいという虚栄心が顕著です。

しかしながら、その虚栄心に満ちた本音を高学歴親はあからさまにしません。メグミさんもよく言っていました。

「普通にしてくれればそれでいいんです」

とてもスマートに見えますが、実は高学歴親は野心家なのだと感じます。でも、その野心は実は世間的に「好まれないもの」だと、こころのどこかで理解していています。だから野心を隠す。それをあからさまにしてしまうと、自分の印象が悪くなると知っているからです。

あるいは、クラスの中で優位に立つような経験があったり、名門大学を卒業していたり、有名企業に勤務している人にとって、野心というよりはそれが当然で日常なのかもしれません。そんな自分の経歴とわが子の現実がまったく違ってしまうと、親たちは非常に不安になります。自分で思うところの「普通」に至らないと、一瞬で焦り始めるのです。

メグミさんのように、子どもに中学受験をさせる方は高学歴親に多く見られます。その人たちの子どものなかには、せっかく入った中高一貫校で不適応を起こすケースが少なくありません。不登校になったり、遅刻や欠席が多くなると、学校の先生からも「ちょっとこのままだと……」。本校とあまり合ってないのではないでしょうか?」と言われます。学校に行けない理由は、友達と上手くいかない、勉強についていけない、学校と合わないなどさまざまです。

「公立中学（高校）でもいいと思ってたんですけど、たまたま受かったんで通わせています」と話すので、私が「それなら地元の公立中学校に通わせてみては？」「地元に公立高校もありますよね」とアドバイスすると、親御さんたちは口を揃えて言います。

「どこの学校でもいいんですけどね」

それなのに、いざ具体的に転学の話になると強く抵抗します。

「せっかく中高一貫の学校に入れたんですから、せめて高校受験は経験させたくないんですよね」と、公立の高校に通わせることを暗に嫌がるのです。実は何とか通い続けてほしい。合格した学校にしがみつきたい本音が伝わります。

このように本音と建て前が違いすぎることに、自分では気づきません。たとえば「せっかく入った中学だからそのまま高校に行けるといいわとは思ったけど、いいのよ。公立中学に転校しても」と本音をついつい言ってしまいます。

子どもの前でも矛盾した発言をしてしまうので、一貫性がないことを悟られてしまいます。これはダブルバインド（二重拘束）といって、相反する価値観を示すことで子どもをより不安定にさせます。

面談すると、子どもたちは出席状況を気にしたり、高校に上がれないのではとひどく怯えています。お母さんやお父さんに言われたとおりに生きてきた。つまり干渉されて生きてきた子どもです。親の表情や立ち振る舞い、言葉の裏にある本音を「お母さんはこのまま高校に行ってほしいと思っているに違いない」と読み取ります。

私やアクシスを頼ってくれるお母さんたちも、掘っていくと本音が出てきます。そこで少しずつ話を聞いていくのですが、お父さんの存在がなかなか見えません。もしくは、お父さんと子育てにおける意見が一致しません。お父さんの存在が非常に微妙なのがひとつの特徴です。

これに対し、ある程度尊重され、選択権を与えられてきた子どもは「お母さん（お父さん）は矛盾してる！」と怒ってくれます。そうやって親に気づきや学びをもたらし、自分の意思を示し反抗し学校を辞められる子どもは、私のところには来ません。

「干渉・矛盾」のベースになる「溺愛」

わが子ばかり見てしまう。過剰に愛情をかけてしまう。それが溺愛のイメージです。皆さん、わが子に良かれと思って動いています。特に高学歴親は経済的に余裕のある人が多いので「良かれと思ったこと」ができてしまいます。一方で、見分けはとても難しいのですが、干渉がなくあふれる愛情がある「甘やかし」は私の中では決してネガティブなものではありません。

溺愛の問題は、それが干渉につながりやすいこと。そして、この干渉を続けていくと、それを正当化するために今言ったことと以前言ったことに矛盾が生まれます。こうやって、溺愛をベースに干渉、矛盾が乗っかってくる。つまり子育ての「三大リスク」は連関しているのです。

高学歴親がわが子を溺愛する際の特徴は「聡明な先回り」だと考えます。皆さん、知識があって頭脳明晰なので、子どもを見ていると「このままではきっと失敗する」といった近い未来に起きることがある程度見通せます。その「見通し力」が優れるあまり、転ばぬ先の杖を用意してしまいます。

あるお母さんは長い不妊治療の末に女の子を授かりました。30代後半の高齢出産です。このため「目に入れても痛くない」とかわいがりました。印象的なのが「せっかく授かった大切な子どもなのだから、私が経験したすべての幸せをひとつ残らず同じように経験させたい」と言ったことです。自分がやってきたピアノなどの習い事、中学受験のための塾など、すべてやらせました。

ところが、娘は夫婦が期待したほど小学校で良い成績を取れませんでした。ショックを受けたお母さんは、娘が小学3年生になると夜10時、11時まで塾に通わせました。夫婦ともにフルタイムで多忙にもかかわらず、塾への送り迎えなどを手分けして行いました。

「少しやりすぎでは？」と伝えましたが、「ちゃんと学歴をつけないと幸せになれない。このままでは不幸になってしまう」というのがお母さんの持論でした。これだと「学歴が低い人は不幸」という論理になります。本人は気づいていませんが、彼女のなかに強い差別意識を感じました。

とはいえ、こういったわが子を溺愛するがゆえの先回りは、他の高学歴親にも見られます。小学校で、高学歴のお母さんが「うちの子が不利な立ち位置になってしまう」といった見通しを立てると、担任の先生に何かと口出しをしてしまうと聞きます。たとえば、運動会で高学年は組体操をします。すると、わが子がペアを組む子どもについて「あの子はよく文句を言うから、別な子と組ませてほしい」と先生に頼み込むのです。

先生は「そんなことに口を出さないでほしい」と思うのですが、医師や弁護士、大企業の社員などエリートと呼ばれるような親だったりすると、無下に断れません。弁が立つ親たちなので、彼らの要望を断ったうえで万が一不具合が起きると「それ見たことか」とクレームの嵐になることが予想されます。

そこで最終的に配慮してペアを替えると、それが子どもに返ってきます。親が口出ししたことを察した子どもたちから、そのことを責められたりします。最も傷つき、嫌な思いをさせられるのは子どもなのです。

ほかにも「悪口を言われたからクラスを替えてほしい」「○○ちゃんとは6年

間絶対に一緒のクラスにしないでほしい」といった、とても理不尽な要望を出してしまいます。その動機付けは、自分の子どもに「とにかく幸せに過ごしてもらいたい」という一点に尽きます。

ここでも、先生からすれば「それは平等性に欠けるのでできません」と言いたいところですが、面倒は回避したいので従ってしまいます。親からすれば、悪気はないし、他の子に不利な思いをさせようとも考えていません。溺愛の果てに、自分でも気づかないうちにモンスターペアレンツと化しているのに、本人からすれば機転を利かせてトラブルを回避したと安堵しているのかもしれません。

このように高学歴親が溺愛してしまう要素のひとつに、高齢出産があります。大学や大学院を卒業しキャリアを築いた親たちは晩婚傾向にあります。他の友人が先に結婚して優秀な子どもを育てていると、とても幸せそうでキラキラ輝いて見えます。成功例があると、後発組としてはある意味辛い。後から来て、このまま自分が何もしなければダメな子になると焦ります。溺愛は本人の意図しないところで、リスクのある子育ての出発点になるのです。

「育てられたように」育てようとする高学歴親

では、干渉・矛盾・溺愛の三大リスクを抱えるのは、どんな親でしょうか。

ある自治体の支援機関で、ヤスコさんという女性に出会いました。会社員で役職に就き、輝かしいキャリアを積んでいました。夫も一流企業勤務。私立中学校に通う長女と、同じく私立の小学校に通う次女を育てる、絵に描いたような高学歴夫婦でした。

それなのに中学校に通う長女の暴力に悩んでいました。気に入らないことがあると暴れ出すため、ヤスコさんも娘に手を上げてしまうと言います。

最も衝撃的だったのは、長女が次女の制服をハサミで切ってしまったことでした。切り刻まれたスカートやブラウス。泣き叫ぶ次女。ヤスコさんは激しい怒りにかられ、長女に暴力をふるってしまいました。

実はヤスコさん自身、妹と2人姉妹で実母との間に深い確執がありました。長女であるヤスコさんは必要以上に厳しい態度をとられていたのに対し、妹は明らかに贔屓《ひいき》されていました。感情の起伏が激しい母親の矛先はヤスコさんに向かっていました。母親の機嫌を損ねないよう気を遣う長女に対し、次女である妹は何をしても許されるのです。母親からの愛情が感じられず、辛い子ども時代を送っていました。

「すごくしんどかった。だから、私は正しい子育てをしようってずっと思っていました。自分と妹が育てられたような育て方をしてはいけない。私はちゃんとした子育てをするんだ。そう思いました」

実母を反面教師にしてきたはずなのに、結局おまえは同じ子育てをしていたではないか——切られて布の山になった制服が、ヤスコさんがやってきたことを全否定しているかのようでした。

とはいえ、ヤスコさんは特異な母親ではありません。子育て中のお母さん、お父さんの多くが、「自分の親は子どもをすぐに叩く人だったから、私は叩かないようにしよう」「話を聞いてくれなかったから、僕は聞く耳のある親になろう」と一度は決意します。ところが、自分が経験したパターンしか知らないため、つい育てられたように育ててしまいます。自分の親の子育てに疑問を持っているのに、無意識のうちに親を真似てしまいます。

ヤスコさんと話をすると「自分はダメな人間だ」と自己肯定感の低さやコンプレックスが見受けられました。高学歴で社会的な地位もあるのに、自分を認めてくれなかった母親の呪縛から逃れられないのです。常に不安がつきまとうので、感情が乱されやすい傾向にありました。

夫のほうは、私との面談に一度だけやって来ました。妻に言われ嫌々ながら、だったのでしょう。険しい表情で持論を語り始めました。

「仕事は管理職です。私の中のポリシーに従って人付き合いというか、人とのかかわりをすごく考えてやってきた。私が築き上げた人間関係のルールというものとは、娘は真逆の行動をしている」

そう言って、自分の娘がいかに間違っていて、自分が正しいかをとうとうと語るのです。

「娘が幼少期のころも、私が良かれと思っていることを伝えたり、注意しただけなのに、娘からは反抗されるし、妻からは虐待に近いからやめなさいと叱られた。まったく承服しかねる。次女は私が言ったことを聞き取ってそのように行動して、学校でもうまくやっている。それなのになぜあの子だけ許容してあげないといけないのか。全く理解できない。だから、これ以上長女を受け入れる気はありません」

そして、最後に言った言葉が衝撃的でした。

「この子が生まれることが予測できていたなら、私は妻と結婚しなかったと思います」

自分の価値観が絶対なのでしょう。自分と異なる意見に対し非常に頑《かたく》なでした。

ほかにも、自分は親にスパルタで育てられたが、その教育のおかげでここまで来たという「生存者バイアス」がありました。サバイブ（生存）した、つまり何らかの苦しみを乗り越えた自身の感覚のみを基準として判断してしまうのです。サバイブできなかった側の気持ちを考えられないため、娘にも厳しく接していました。

　その点は、高学歴で優秀な父親に見られる特徴のひとつでしょう。

　さて、ここまで読まれた皆さんは、自分たちの子育てを否定されたと感じるかもしれません。しかし、私は親御さんたちの不安を煽りたいのではなく「正しい知識を持ってかかわれば、いつからでも子育てはやり直すことができ、子どもは良く育ちますよ」と言いたいのです。

　そのことを次章以降でお伝えします。

第2章

心配しすぎの高学歴親

子育ては「心配」を「信頼」に変える旅

子どもを対象とした精神心理疾患の外来診療を私が始めたのが1998年。そこからずっと、私のなかのキーワードは「不安」です。それ以前から不安解消ホルモンであるセロトニンを専門とする研究者だったので、「不安な親はどうやって子育てをするのか」と親側にも注目していました。

すると、親たちは皆、先回りをして過度に世話を焼いていました。先回りをするのは、自分の子どもを信頼していないからです。

ちょうど99年に娘を産んだ私は、赤ちゃんに対する親たちの不安を身をもって知りました。さわったら壊れそうなぐらい小さなからだです。息をしているのかしていないのか、聴診器を当てようかと思うくらいわかりづらい。心配するばかりの毎日です。

親である私の子どもに対する気持ちは、その100%が「心配」です。私にとって娘の存在は心配の塊でした。子育てって、最初は不安なのは当たり前だなあと実感しました。

　ところが、子どもは3歳くらいになってくるとしゃべるし、自分で歩きます。食べます。排泄もします。抱っこしてほしい、もう眠いと希望も訴えてきます。それを叶えてあげると、その一瞬しかない笑顔を返してくれます。そうです。数ヵ月たつとからだは大きくなり、顔も変わるので期間限定。親にしか味わえない微笑みです。

　そのころから、たとえばここからあそこにあるみかんの箱までひとりで行って「みかんを取って来てね」とお願いすると、取って来てくれます。おお、よくできたねえと褒めると得意満面です。親のほうもここでひとつ信頼できた、と感じることができます。

　そのうち、自分で着替えられる。歯磨きもできる。ちょっとしたお手伝いもできる。そんな姿を見せられるたびに、親である私のほうは、この子はこれができるんだ、任せられるんだという「信頼」が増えていく。この時点で15％くらいの信頼が生まれます。そのぶん心配は85％程度に減ります。それが私の見立てです

（P43　心配から信頼へ　3歳）。

「ああ、信頼が増えるって、自分の不安が減ることなんだ」

それは確信に近いものでした。

さらに外来の患者さんや、アクシスの会員さんたちとそれぞれの子育てを共有するなかで、私が躊躇なく娘にやらせていることをお母さんたちが一切させないことに気づきました。私のところにやって来る親御さんは高学歴の方が多いのですが、大学教員で医師でもある私自身も、世の中では高学歴と言われる部類なので様子は理解できました。

たとえば、小学3～4年生の中学年くらいになっても、自宅の鍵を預けてかぎっ子にさせることができません。私は低学年でもトライしてほしいところですが、理由を尋ねると「だって、なくされたら困るじゃないですか」と言います。

「いやいや、なくすかもしれないけれど、なくしたら本人がこれはヤバいことをしたぞと次から気をつけるよ。それでなくさなくなれば自信になるし、それが親子の信頼もつくるんじゃないの？」

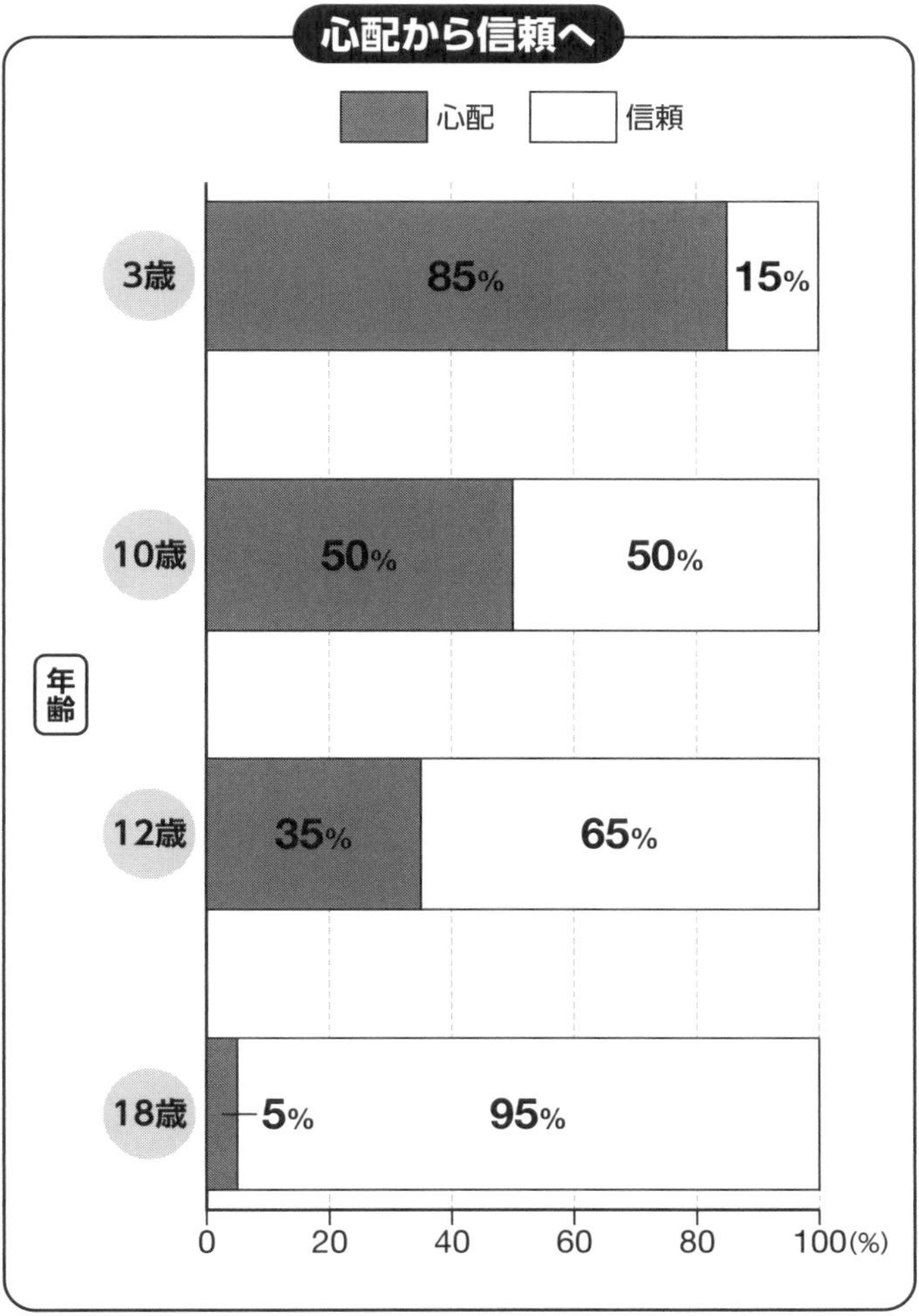

心配から信頼へ
心配
信頼
3歳
85%
15%
10歳
50%
50%
12歳
35%
65%
18歳
5%
95%
年齢
0
20
40
60
80
100(%)

そう私が力説しても、「いいえ。この子は絶対なくすと思う。そんなことしたらうちの家に泥棒に入られて大変なことになります」とお母さんは頑なです。もう少しハードルを下げて「一緒に電車に乗るときは切符を持たせようよ」と信頼を増やす場を持ち掛けましたが、どの方もやはり「なくしたら困る」の大合唱でした。

相次ぐ拒否にもめげず、さらに「絶対にお小遣い制を敷いてください」と提案しました。子どもがお金を自己管理できるようになることは、親から子への信頼につながるからです。すると「だって一度にあげたら全部使っちゃうじゃないですか」ときます。はなから子どもを信じないばかりか、心配の感情をもって子育てのすべてを処理しています。

不審者と遭遇したらどうしよう。鍵をなくして家に入れなかったらどうしよう。想像しただけで不安に襲われます。

とはいえ、その不安感情はそのまま「干渉・矛盾・溺愛」という子育ての三大リスクにつながります。要するに子どもの自立や成長を阻むことになるのですが、上述した親御さんたちの子育てはその危険でいっぱいです。

高い見通し力を持つ高学歴親の皆さんは、自分の力で子どもの失敗リスクを回避させることに一所懸命。心配ばかりで子どもを信頼できません。子育てを見つめ直す余裕も、その機会もないため、信頼関係を築くという発想がありませんでした。

当然ながら私自身にも葛藤はありました。心配な気持ちに押しつぶされそうになりながら、ここで頑張らなくてはと踏ん張ってきました。心配のほうが多い時期でも、過剰にならないよう手を差し伸べてきたつもりです。子どもの代わりに宿題をしたり、ランドセルの中身を整えたりはしませんでした。娘は忘れ物が多かったですが、私も多かったので「お母さんからの遺伝だね」と言うだけで干渉しませんでした。

そうやって必死で信頼して「信頼」の分量を増やしていくと「あれ、うちの子、鍵をなくしたことがない」と気づいたのです。

子どもは、自分で考え行動する力をつけていました。

子育ては「心配」を「信頼」に変えてゆく旅なのです。それは私が身をもって体験し確信できたことでもあります。

反抗期がないのは危険信号

しかしながら、親が子どもを信頼できないのは、親だけの問題ではありません。現代の親子が生きる社会に目を向けてみましょう。

学校も社会もミスを許さない。自己責任と言われる。失敗したり、つまずいたら、やり直しがきかない。そんな社会で生きるプレッシャーが背景にあります。そんな空気の中で親子は生きています。不安でいっぱいです。

だからといって、まだ脳が育ちきっていない子どもを、習い事や塾、スポーツ漬けにしてはいけません。心配と信頼の両方がフィフティ・フィフティになる小学4年生（P43　心配から信頼へ　10歳）で、一度子育てを見つめ直してほしいものです。心配ばかりで信頼できない高学歴親が「干渉・矛盾・溺愛」を続けてしまうと、後々手痛いブーメランが返ってくる可能性が高まります。

いわば、目に見えない危機「小4クライシス」です。ここがひとつの分かれ道になります。

5年生から6年生は小学校高学年となり、先生たちから「お兄さん・お姉さん」として扱われます。児童会や委員会、運動会など校内行事でリーダーシップを執る場面も増えてきます。リーダーにならない子どもも同学年としてリーダーたちを支える空気が生まれます。学校のなかで信頼される集団になります。したがって、小学6年生で、人にもよりますが親のなかで子どもへの信頼は60〜70％に増えると考えます（P43　心配から信頼へ　12歳）。この年齢は「前思春期」といわれ、自我が芽生える時期です。自分はどんな人間なのか。家族や友人、先生たちがどんな人間なのかをシビアに見るようになります。そこで時に誰かと衝突したり、親に反抗したりします。

たとえば、親に口答えしたり、荒い言葉をぶつけてくるようになります。男の子であれば、きょうだいや母親を蹴ったり、イライラするとテーブルを叩くなどモノに当たることもあります。なぜならば、この時期は性ホルモンがたくさん分泌され、扁桃体《へんとうたい》や海馬など、脳のさまざまな部位に影響を及ぼします。扁桃体は海馬のすぐ上にあり、感情をつかさどっています。思春期に性ホルモンが大量につくられると扁桃体が刺激され、感情の爆発が起きてしまうのです。

このため、親からすると「なんでこんなちょっとしたことで怒ったり、イライラするの?」と眉をひそめたくなります。対する子ども自身も、よくわからない感情の起伏に襲われて、コントロールできなくなります。性ホルモンで脳が反抗的になっていることを本人は知らないため、言いたくない悪口をお母さんやお父さんに言ってしまうことがとても後ろめたい。実は苦しい思いをしているのです。

この時期を抜け高校3年生になる18歳で、親の子どもに対する信頼の分量は95%程度、ほぼほぼ満タンになります(P43 心配から信頼へ 18歳)。日本でもようやく18歳から選挙権が与えられましたが、信頼するに足りると考えれば当然のことではあります。

ところが、数年前に大学の授業で「反抗期があった人、手を挙げて」と尋ねたら、手を挙げたのは１００人中２人だけでした。１、２年生対象の「子どもの発達」を学ばせる授業でしたので、試しに中学以降で反抗期があったかどうかを聞いたのです。

１００人中２人、たった２％です。えっ？　いや、そんなわけがない。もしかしたら、思春期があったと明かすのが恥ずかしいのか。もしくは私に反抗してる？　そう考えた私は学生たちにインタビューすることにしました。教壇を降り、マイクを持って「なぜ反抗しなかったの？」と聞いて回りましたところが。

「だって、うちのママの言うことって別に何も腹立たなかったしィ」
「反抗する理由がありませんでした」
「よくわかんないけど、うちの家族はみんな仲良しなんです」
「いや、反抗すると面倒くさそうだから」

親に反抗せず家庭の平和を維持してきた様子を語る学生たちに向かって、私は「いやいや、君たちおかしいから」と首を横に振るばかり。

「皆さん、今はまだ18歳だからまだ何とかなります。家に帰って親に反抗しなさい。何か文句を言いなさい！」

するど、学生たちは成田先生ヤバくね？　という感じできょとんとしていました。

この年以来、私は毎年学生たちに同じ質問を続けました。新型コロナ感染拡大の影響で対面授業がなかった年はできませんでしたが、それ以外の年で「反抗期があった」と答えた学生はおおむね80〜100人中、いつも2〜4人でした。

わが子に反抗期がないのは、親御さんにとって楽かもしれません。が、私はこの傾向を決して良いことだとは思っていません。なぜならば、反抗期がなかった子どもは、大人になってから爆発するケースが少なくないからです。前述した「手痛いブーメラン」です。

子どもを信頼できない3つの理由〜❶完璧主義

わが子の引きこもりや家庭内暴力が続いた末に、高学歴親の方々が途方に暮れて相談に来られます。なかには「自分の子育ては子どもに良くないかもしれない」と薄々感じながら、考えを変えられなかった人も少なくありません。

考えを変えられなかった理由は何なのか。まずは、高学歴親が心配ばかりして子どもを信頼できない理由のひとつである「完璧主義」について考えてみましょう。

「信用できる食材以外、絶対に食べさせません」

そう話したのは、大企業に勤務しながら小学生の女児を育てていたルミさんです。安心安全で生産者の顔がわかる有機野菜や肉、魚類といったブランド食材を定期的にお取り寄せ。週末に1週間分すべて下ごしらえして冷凍します。これらの食材で自分が調理したもの以外食べさせません。離乳食からずっと同じブランド食材を使っていました。

女児は学校の成績も抜群で、スポーツや楽器などどんな習い事をさせても優秀でした。ルミさんが「自分にとって理想の子どもが生まれたと感じた」と言うくらい自慢の娘でした。小学3年生から、お父さんの趣味でもあったトライアスロンを始めていました。参加した大会の子どもの部で表彰台に上がるほど才能をみせました。

トライアスロンは、体重が軽いほうが良いスポーツだそうです。ここで、ルミさんの食へのこだわりと完璧主義にさらに拍車がかかりました。食べる量を減らしながら筋肉量を増やすため、より厳選した食材で調理するようになりました。高学歴で高収入だからこそできることです。

彼女の完璧主義に引っ張られるように、女児はストイックに食事制限をしました。加えて、朝からランニングするなどトレーニングも頑張ったと言います。まだ体が成長しきっていない小学生には、かなりハードでした。

すると、徐々に食べられなくなりました。真面目なので学校には行くのですが、給食が食べられません。家では、指でつまめるくらいの小さなおにぎりを2〜3個しか口に運べません。あっという間にやせ細り、同年齢の標準体重の30パーセント減になってしまいました。周囲に勧められ病院に行くと「摂食障害」と診断されました。それでもすぐに食べられるようにはなりません。

そんなプロセスを経て、母娘は私のところにやってきたのです。心配でおろおろするばかりのルミさんと、やせて目がくぼみ青白い顔の女児に初めて会ったときはとても驚きました。まだ4年生でした。

ルミさんの面談をしながら、女児とも関係性を築きました。少しずつ私と話せるようになったころ、「どうして食べられなくなったのかな？」と尋ねてみました。

彼女の答えが衝撃的でした。

「ママが素敵すぎるから」

お母さんは高学歴、高収入。スリムだし、顔も美人で、料理も上手である。すべてにわたって完璧だから、自分もママみたいになれないと困る。小3くらいから、体が大きくなってきて、このままではママみたいになれないと思うと、とても不安になった。だから自分は頑張りすぎたのかもしれない――そんな内容でした。

子どもの言う「素敵すぎる」は、お母さんが完璧だから、ということです。母親みたいに「なりたい」という願望が、本人も気づかないうちに「ならなければ」という強迫観念に変わり、自らを苦しめたのかもしれません。

摂食障害は、環境や親に対する拒絶反応が出る顕著な症状のひとつです。私が出会った摂食障害の子たちのほとんどが、親御さんに過度な食へのこだわりがありました。親が食にこだわり続けたことで、子どもが食べられなくなってしまう。そういう方はおおむね高学歴で、どんなことも完璧にやってのけます。

私はルミさんに「お母さん、ごめんなさいね。娘さん、ちょっと大変な状態かもしれません。食事を摂ってないと倒れちゃったりするでしょ？ ばたんと倒れる前に来てくれたから良かったよ」と話しました。彼女は涙を浮かべて聞いていました。

その後、女児は少しずつ食べられるようになり、元の体重に戻りました。お母さんが完璧すぎることは子どもにとってリスクになる。このことは、娘さんが回復してから伝えました。

「お母さんも、頑張って、頑張って、母親をやってるのはよくわかるよ。でも、ちょっと手を抜こうか。有機野菜でなくても、たまに手作りでなくても、外食しても全然大丈夫だよ」

完璧主義な高学歴親は、私の肌感ではシャープで傷つきやすい人が多いです。感受性が強く、不安も察知しやすい。このため、あらかじめネガティブなことを回避するために、目の前のことに一所懸命に取り組みます。強い溺愛もある。そんな姿が、子どもにとっては「心配ばかりして自分を信頼してくれない」メッセージとして伝わるのです。

母親の作った弁当をゴミ箱に捨てる優等生

研究職のお母さんはある日、炊飯器を捨てました。理由を尋ねると「やっぱりお米は土鍋で炊くに限るから」。

土鍋で炊くので炊飯器はいらないと言うのです。3人の子どもは小、中、高校生。まだまだ手のかかる時期、しかも共働き家庭で、ごはんを毎日土鍋で炊くなんて。家事をいかに合理的に回すかを日々考えていた私は驚かされました。

妻同様研究者のお父さんはさらに多忙で、家事育児にはほぼ参加できません。お母さんは、ワンオペとまでは言いませんが大変なはずです。そのうえ、出来合いの惣菜なども絶対に買わない主義です。すべて彼女の手作りでした。

食事にこだわる以外でも、習い事や塾の送り迎えも絶対に時間に遅れたりしません。学校のプリントは子ども別にそれぞれきちんとファイルに収められ、掃除や洗濯など家事も完璧にこなしていました。

ところが、高校生の長男が学校に行けなくなりました。朝、腹痛がひどくて1時間もトイレにこもってしまう。過敏性腸症候群と診断されました。皮肉なことに母の手作りの料理も「お腹が痛くなるから」とほとんど手をつけなくなりました。

この高校生のような完璧な子育てをされる側、つまり子どもサイドの話を聞いたことがあります。

中高一貫校に通っていたレイ君は、母親が作ったお弁当を捨てていました。毎日、学校のゴミ箱にこっそり捨てます。

レイ君は毎日のように夜中の2時、3時までお母さんが横について勉強させられていました。中学まで成績は学年1位でしたが、高校生になって勉強が遅れるようになりました。塾通いが始まり、勉強を軸にした高校生活は彼にとっていっそうストレスフルになりました。それでも、お母さんに表立って反抗することができません。

手作り弁当を捨てることは、彼にとって唯一のお母さんへの反抗だったのです。

お母さんはまったく気づかなかったのですが、レイ君はどんどん病んでいきます。校内で真っ青な顔で倒れるなどし、いつしか保健室登校になりました。それなのに、レイ君は担任に「親には絶対に言わないで」と頼み込みました。これ以上心配され、干渉されることが嫌だったからです。よって、大学も有名私大への指定校推薦をとりました。試験を受けるどころではないと自分で判断したからです。そして、体調がそこまで崩れていることをお母さんにまったく気づかれないまま、彼は卒業することができました。

彼のような子どもたちと面談すると「うちの親、キツいんだ」という表現をします。強く厳しい口調で話すとかではなく「存在が重い」。干渉が強すぎるらしいです。

「あなたのためにママは頑張っているのだから、あなたも頑張って」というエールは、子どもからすれば「ファイトの押し付け」。親が「良かれと思って」やってしまうことは「善意の押し付け」かもしれません。

「頼んだ覚えはないよ」と言いたいけれど反抗すると面倒だから黙ります。言いたいことを自由に言えないいびつな関係性は、子どもにとってストレスです。親が頑張れば頑張るほど、子どもは弱っていくのです。

多くの親子を見てきた私の実感としては、食事は作るけれど出来合いのものも使う、でも食べることを心から楽しんでいる親たちの子どもは摂食障害とは無縁のようです。

子どもを信頼できない3つの理由～❷虚栄心

小学5年生の息子さんが不眠症のため、夜中1時から3時ぐらいに寝るというお母さんがいました。私たちのところにたどり着くまで、たくさんの病院を回っていました。いわゆるドクターショッピングです。どの病院でも一旦は良くなる。ところが続きません。当時も、ほかの病院で処方された薬が効いて、よく眠れるようにはなっていました。

眠りは深くなってきたのですが、1時から3時の間に寝て朝9時に起きる生活リズムは変わりません。不登校状態が続いていました。

「眠れるようになったんだったら、寝る時刻を少し早めないといけませんよね」

会うたび何度も訴えました。

「まずは23時までに寝かせましょう。そこをやらないとうまくいきません。息子さんのような子どもを何人も診てきました。みんな本当に変わるから、信じて早寝早起きさせてみてください」

すると、こう言いました。

「先生は、何人も診てるかもしれません、そういう人もたくさんいるかもしれませんが、うちの息子はその唯一の例外なんです。だからできません」

お母さんは病院を渡り歩く間に、いろいろ勉強し、医学的・科学的な知識もありました。私やアクシスのやり方に対し、論理的には納得しています。ところが、私が「こうしてみてください」と伝えるアドバイスを、自分が否定されていると受け取ってしまうようでした。

「うちの子が、家で暴れて困っています」

たとえば、そう訴えてきたお母さんに「なるほどね。困っちゃうね。で、暴れる前に、お母さんは息子さんになんて言ったの？」と尋ねると、不適切な言葉がけをしていることがあります。

「うーん。それだと子どもはさ、やっぱり自分を否定されたって思うよ」と言ってから、「なんでやらないの？」ではなく「どこが苦手かな？」と問いかけてみるようアドバイスしたりします。決して責め口調ではなく、フレンドリーに笑顔で話します。

それでも、ムッとして「転院したいので紹介状書いてください」と言ってくるケースは稀ではありません。他の病院に行きたいと言う患者さんを拒否できないので、すぐに「わかりました」と言って書きます。

自分に痛みを伴うようなことを言われるやいなや、こころのシャッターを閉めます。自分に落ち度があると認めたくありません。上記はいずれも、プライドが高い高学歴の親御さんにはありがちなリアクションです。心配ばかりで、わが子はもちろんのこと、周囲を誰ひとり信頼できません。どちらも自分の虚栄心を満たしてくれる医師が見つかるまで、探し歩いているようでした。

なかには、紹介状を手に他の病院を回った後、数ヵ月して再びやってくる方もいます。「他の先生のところに行ったのですが、息子がどうしても成田先生に診てほしいと言うので」と言われました。

強すぎる虚栄心は、ともすれば他者への差別意識につながります。高学歴で完璧主義の親御さんが「わが子に自分と同じ道を辿らせてあげないと不幸になる」と思い込む裏には、差別と偏見がある気がします。

高学歴のお父さんなどが「このままじゃいい学校に行けないぞ。大変だぞ」とわが子に発破をかけます。学校の先生も同じことを言います。ここには「いい学校に行かないヤツはダメな人間」という差別意識が隠れていないでしょうか。

さて、わが子に親と同じ道を望むケースは、医者にも少なくありません。ある医者夫婦の家庭は3人兄弟。上2人は不登校になったり、家出をしたりで、彼らの「誰かひとりは医者に」の夢は3人目の末っ子に託されることになりました。その子は全寮制の医学部進学塾に入れられています。すでに4浪です。

上の子たちも大学を卒業できない状態になっていますが、医者夫婦は自分たちの子育てを振り返る様子はありません。干渉・矛盾・溺愛すべてが存在し、子どもを信頼できないまま家族はバラバラになってしまいました。

子どもを信頼できない3つの理由～❸孤独

高学歴親が子どもを信頼できない理由に、親の完璧主義と虚栄心を挙げました。

3つめの理由は「孤独」「孤立」です。高学歴親は世間体を人一倍気にするので、他者に弱みを見せたくありません。そうなると、周囲に相談できず孤独になりやすい。そのため、新しい情報や学びを獲得する機会も得られないのです。

そのうえ高学歴親のなかには、高度に専門化された職業に就いている方が多くいます。医師、弁護士、研究者、マスコミ関係、金融、公務員、教育、ＩＴ関係等々。皆さん、専門的です。

これら高学歴集団は、同じ苦しみを分かち合って支え合う「ピアサポート」の観点で見ると、仲間を作りづらい環境のようです。ママ友という子育て仲間が作りやすそうなお母さんたちでさえ、高学歴になると職場で同じ子育て仲間、悩みを分かち合ったり、共感できたり、情報交換できる仲間は得づらいようです。

彼女たちが子どもの学校で仲間作りができるかといえば、プライドの高さや話が合う合わないなどさまざまなハードルがあるようです。

実際に、私のところに来る高学歴のお母さんたちに聞くと、やはりママ友がいません。ピアサポートはある程度必要なのですが、それがないためにご自分のとても狭い世界で、しかも少子化なのでひとりっ子か、２人くらいしかいないわが子だけと向き合って子育てせざるを得ません。

子育て支援センターなど公的サポートが進められてはいますが、充分とは言えません。これは大きな問題です。他に手本がなく教科書も参考書もないため、自分が育てられたように育てるしかありません。自分の価値観のみで、新しい価値観や他者の客観的な意見が入らない。そうなると、子どもを信頼するといった視点も学べないのです。

自分の子育てを振り返っても、孤独と言えば孤独でした。ただ、私がラッキーだったのは、ワーキングマザーのためのウェブサイト「ムギ畑」があったことです（現在はフェイスブック上で活動）。勝間和代さんらが主宰し匿名で情報交換できるので、私も頻繁に利用していました。2000年前後に子どもを産み育てた働くお母さんたちは、ムギ畑にお世話になった人は多かったと思います。ある意味、孤独になりやすい高学歴母のピアサポート役を果たしていました。

一方、お父さんになるとピアサポートはほぼ皆無です。職場はあくまで仕事場なので、子どものことなど話せる雰囲気ではないし、そもそも男性は自分のことを話すのが苦手。弱みを見せたくない方が多いので、周囲に相談できず孤独になりやすい。余計に新しい情報を得られません。干渉・矛盾・溺愛という不適切な子育てが生む「リスク」をずっと抱えたままです。

男性の孤独傾向はコロナ禍でさらに顕在化しました。

ある女性は、夫が「自粛生活にどうしても耐えられない」と夕方飲みに出かけてしまう。近所で知り合いの人が経営している店へ、（営業難を支える）人助けだからと言って、夜中の2時、3時まで飲んで帰ってくると悩んでいました。

「この時期、自粛中でほかの店は時短営業しているときにと腹が立ちます。夜、先にベッドに入っても、睡眠がどんどん浅くなるし、気持ちもどんどん落ちてきてつくてたまらない」

私が、自分がつらいことを夫に伝えてはどうかと話しても「そんなこと、言えません」と首を横に振ります。なぜこのようなディスコミュニケーションが起きるのかと驚かされるのですが、そもそもコロナ禍前から夫婦関係が脆弱でした。

「夫は好きなお酒を飲むということに対して口出しされたくないと言います。だからもう一切口出ししないで、夫がごはんと言えば食事を出し、出かけて行っても何も言わないことにしました」

とはいえ、お酒を一切飲まない妻のほうは「(お酒を)見るのも嫌なんです」と自宅での飲酒を受け入れていませんでした。そのこともあって、夫は自粛期間中に飲み歩いていたのです。もう少し歩み寄れるといいのですが、お互い一歩も譲らずという状況なのですごく息苦しくなります。家族が一緒にいながら断絶して暮らす。本来、人が最もリラックスできる場が家庭のはずなのに、強い緊張を強いられます。

家族がせっかく一緒に暮らしているのに、コロナ禍をみんなで一緒に乗り越えようというような連帯感が見られません。無理に連帯する必要はないのですが、家族に不全感があるのでしょう。家族がいても孤独なのです。

私も親に信頼されない子どもだった

ある年の梅雨時、私は同い年の友人と傘の話をしていました。

「お気に入りだった傘、なくしちゃったの。1本の傘を1年半も持ったの、初めてでさァ。２～３回電車とかで忘れてきそうになったんだよ。使い続けてきた傘だから、悔しくて」

そんな私の話を受けて、友人が放ったひと言に衝撃を受けました。

「私さ、人生でなくした傘が２本あるの。１本は水色の水玉で、もう１本は赤だったかな。悲しかったわァ」

え？　たった２本？　私と同じだけウン十年生きてきてたった２本だけ？

私のほうは、少なく見積もっても50本以上なくしています。いや、１００本以上かもしれません。愕然としました。人生の傘コストが50倍以上です……。

私は昔からなんでもなくす子どもでした。傘はもちろん、教科書、ノート、文房具（特に消しゴム）など、毎日のように持ち物がなくなるのです。そのたびに、父と結婚する前まで臨床心理士だった母にこっぴどく叱られていました。普通のことがまったくできない私は、母親をいら立たせていました。テストで１００点を取っても、よく頑張ったねと褒められたことはありません。

ここまで、親に信頼されず苦しむ子どもたちの姿を伝えましたが、実は私も親に「信頼されない」子どもでした。

小学3年生で転校しました。新しい小学校は自宅から急斜面を下りて通います。朝は徒歩でしたが、下校はバス。毎朝、回数券1枚を母からもらってバスで帰るのです。友達はいないので、いつもひとりでした。

ある日のこと。バス停まで回数券を握りしめて歩いていたはずなのに、着いてみたら手のひらの中にあるはずの回数券が見当たりません。大パニックになった私は急いで来た道を探し歩きましたが、見つかりません。ああ、どうしよう。おうちに帰れない。泣きそうになりながら、私はバス停横にあった駄菓子屋さんに恐る恐る入っていきました。

東北から関西へ転校したばかりでしたが、必死に自分が陥った状況を涙目で訴えました。駄菓子屋のおばさんは私の話をちゃんと聞いてくれて「それは大変やわ。ちょっと待っててて」と言って、私の手に小銭を数枚握らせてくれました。「これを使ってバスに乗ってお帰り。バス代はまた返してくれたらいいから」

私はこころの底から感動しました。あまりハキハキしていない子だったので、ちゃんとお礼を言えたのかどうか定かではありません。とにかく久しぶりにウキウキした気持ちでバスに乗り、無事に帰宅できました。

母に事の経緯を、喜び勇んで話したと思います。あまり笑わない子でしたが、そのときは興奮して笑顔だったかもしれません。

ところが、信じられないことに、返ってきたのは母の怒鳴り声でした。

「なんでそんなことしたの？　人にお金を借りるなんて恥ずかしい。しかも知らない人に。毎朝坂を下って学校に行ってるんだから、その道を上ってくればいいだけでしょう」

な、なるほど！　と思いました。小学3年生には、そんなこと思いつきもしませんでした。朝は徒歩、帰りはバスと思い込んでいたのです。

母の言い分は限りなく正しいでしょう。心配なあまり怒ったのかもしれません。が、駄菓子屋さんでお金を借りて帰ってきた娘への信頼が少しでもあったらと残念に思います。

母の言葉はいまだ私のこころに突き刺さったままです。この出来事は「子どもに正論を伝えすぎないで」と強く訴える私の原点でもあります。あのとき私は、本当は母にこう言ってほしかったのだと思います。

「えらかったね。勇気を出して言葉をかけたおかげで、いい人に出会えて本当に良かったね。バス代を貸してくれたおばさんに感謝して、明日一緒にお礼を言いに行こうね」

こんなふうに「私の人生ってうまくいってないなあ。つらいなあ」と物心がついたころから感じていました。

回数券をなくした小学3年生よりも少し前、一番最初の失敗の記憶は5歳ごろです。祖父母が住む福島県いわき市で、2歳下の妹と2人で2時間くらい迷子になったことがあります。どの方向へ行けば帰れるのかまったくわからず、畑のど真ん中で頭が真っ白になりました。

不安で孤独で、恐怖に押しつぶされそうになりながら、それでも必死で妹の手を引いて歩いていたら、奇跡的に祖父母の家にたどり着きました。大泣きしながら玄関に飛び込んできた私に、母は冷たい目で「バカじゃないの?」と言ったのです。

「こんな簡単な道を迷うなんて」

妹を抱き上げてさっさと部屋に入ってしまい、私は玄関に取り残されました。今でもそのシーンを鮮明に覚えています。たぶん、そのときに初めて生きるつらさを味わったと思います。

この経験から始まり数多くの失敗を重ねてきた私は、これら多くの失敗こそが自分を育ててくれたと感じています。ただし、私と同じ経験を、自分の娘や私が関わっている子どもたちにしてほしいとは少しも思いません。

オレオレ詐欺に騙される親子の特徴

「振り込め詐欺（オレオレ詐欺）の実態と予防策について」

そんな特集のテレビ番組を、大学生の娘と観ました。警察が取り締まりに力を入れているけれど、近頃はいっそう巧妙になってきていました。詳しい個人情報を入手したうえで電話をかけてくるので、つい騙されてしまうようです。実際に被害に遭われた方が出演なさっていたのですが、その再現ビデオに私たちは顔を見合わせました。

高齢女性のもとに息子さんをかたる男から電話がかかってきました。最初はただの雑談だけで終わらせ、信用させたうえ、2回目の電話でお金を請求されたそうです。

「オレだけど、仕事でお客さんに損失を出させてしまった。今日中に80万円補塡《ほてん》しなければ、大変なことになってしまう」

それを聞いた親御さんは、疑いもせずに急いで言われた口座に80万円振り込みました。

「そのときの心境は？」

インタビュアーの質問に、女性とその夫は口を揃えてこう言いました。

「副支店長になるまで一生懸命頑張ってきた息子が、こんなことで支店長の座につけなくなったらかわいそうだと思った。もう無我夢中でした」

銀行の副支店長であれば、すでに40代は超えています。そんないい大人の息子に「ミスしちゃったの？　かわいそう！」と80万円もポンと出すなんて。娘はすぐさま「うわ～、ありえない！」と声をあげました。

「そもそも自分のミスなのに、なんで親に電話するわけ？　そんなの私だったらありえないし、電話したとしてもお母さんに『それで？』って言われて終わりそう」と首を横に振っています。

その通りです。もし娘をかたる悪人から同じような電話がかかってきたら、私はきっとこう言います。

「ほう、それは大変だったね。え？　支店長になれない？　そもそもあなたが支店長になりたいと思うことにびっくりするね。うちの家の子にそんな価値観が育ったとは……。なんか、えらいやん！」

たぶん悪人は面喰らって電話を切るでしょう。

ところで振り込め詐欺は欧米ではあまり聞かれない犯罪です。聞くところによると、この類の親ごころを刺激する詐欺は、日本、韓国、中国など東アジア特有の犯罪だそうです。警察庁によると2020年の息子などになりすます「振り込め詐欺」被害は6407件、被害総額は126億1000万円と恐ろしい額です。

この犯罪、私は極めて日本的な親子の共依存関係が根底にあると感じます。親が子を「かわいそうだから」「心配だから」とすべて手助けしてしまう様子が透けて見えます。私たち日本人は、もしかしたら振り込め詐欺被害に遭いやすい親子関係を形成しているのかもしれません。

私たちが運営するアクシスでは、「全力で子どもを信頼すること」こそが子どもを育てることの最終目標であると伝えています。子どもの行動はリスクを孕《はら》み、それを看過するとミスにつながる、それが見えたとしても、命にかかわらなければ親は「信頼して、待つ、見守る」ことをし続けなければなりません。親の「かわいそう」や「良かれと思って」という感情からは、良いものは生まれないのです。

ワタシワタシ詐欺が少ない理由

ところで、振り込め詐欺は別名「オレオレ詐欺」と言われるように、被害者の多くが男子の親御さんです。「ワタシワタシ詐欺」はあまり聞きません。

母親は娘に対しても溺愛し、干渉し、矛盾に満ちた子育てをするのですが、大人になると共依存関係が薄れます。そこまで過保護ではありません。

これに対し、息子とのほうが娘以上に共依存関係に陥りやすいと感じます。息子に対し、どこまでも過保護・過干渉であり続けます。この男の子に対する母親の溺愛が、他の国に比べて圧倒的に振り込め詐欺被害に遭いやすい背景にあるのかもしれません。

息子を持つ母親のほうが被害に遭うもうひとつの理由は、母子の関係性の性差です。今週末はここへ遊びに行くとか、今こんなことで悩んでいるなど、母と娘はよく情報交換をします。これに対し、男の子はそういうことをしないので滅多に電話の声を聞きません。母親にとって、余計に神秘的というか、突然電話をもらうと嬉しくなってしまう存在なのかもしれません。したがって、聞きづらいくぐもった声で「助けて」と言われると、居ても立ってもいられず多額のお金を振り込んでしまうのでしょう。

アクシスや病院の外来でお会いする高学歴家庭の親子を見ていると、子どもの年齢によって「性差」が鮮明です。

女子は中学生くらいだと母親に反抗的だったり、時に暴力をふるうなど攻撃性を見せる傾向があります。それが成人近くになると、攻撃性が薄れることが多いです。引きこもって不安や抑うつといった症状がメインとなり、20代女性で親に暴力をふるうことはまれになります。

一方の男子は、中学生くらいだとお母さんに対し、攻撃性というより依存・従属になります。すごくベタベタする傾向があります。夜は怖いからと、同じ布団で手をつないで寝る子も珍しくありません。

それが、20代以降でひきこもりという状況になると、母親に対し非常に暴力的になることがありがちです。そして、母親を「あんなにいい子だったのに」と泣かせるのです。

性差に関係なく共通しているのは、問題の起きる家庭では、父親の存在がほぼ見えてこないことです。

振り込め詐欺において、悪いのは加害者であり、被害に遭った人たちもまた全員が心配ばかりする親御さんではなかったと思います。それにしても、すでに成人している40代、50代以降の子どものためになぜ多額のお金を振り込んでしまうのでしょうか。そこで浮かぶのが、成人した息子をかまい続けるある母親の姿です。

20歳の息子を朝起こして、3食きっちり準備します。睡眠時間を削ってフルタイムで必死で働いています。

一方の子どもは無所属在宅者。一日中オンラインゲームをしています。そんな状況でも親御さんは当たり前のようにたくさんのおかずを作って冷蔵庫に詰め「早く起きなさいね」と声をかけて仕事に出かけるのです。

「お母さんは毎日忙しくてあなたは暇である。そして、あなたはきっと一人でごはんを作ることも上手にできると思うので、これからごはんは作らないことにします。お金は出すのでスーパーに買い物に行って、可能ならお母さんの分までごはんを作ってください。お母さんは朝は6時半に食べないと仕事に間に合わないので、その時刻までに朝ごはんを作ってください」と、なぜ親御さんが言えないのか。私には不思議です。

というのも、私の娘が浪人生になったとき、実際にこの言葉を私が言ったからです。高校卒業後はどこにも所属せず、娘は毎日家にいる。ならば、ぜひ家事を分担してもらわねばとすぐさま提案しました。

娘はこれを承諾し、クックパッドを参考に毎日いろいろなおかずを作ってくれました。私に仕事から帰る楽しみをくれたのです。朝も食卓につくと、ちゃんとほかほかの朝ごはんが待っていました。

もちろん親として葛藤はありました。

「こんなに家事労働させてしまって、もしこの子が来年も合格できなかったらどうしよう」と不安にならなかったかと言えばウソになります。とはいえ、私がそんな心配を前面に出し「家事なんてさせたらあなたは来年も合格できないから、とにかく勉強を優先して頑張りなさい」と決めつけてしまったら？

親から「かわいそうな子認定」された子どもは頑張れません。そこから娘は「もっとも近い存在である親から信頼されない、かわいそうな子」になってしまいます。そちらのほうが私は心配でした。

善玉ストレスと悪玉ストレス

「子育てとは、子どもへの心配を信頼に変えることです」

講演やセミナーで、いつもそう伝えます。

それでも、人が良い方向へ変わるのに一番の良薬は「不安」だという考えは根強いです。彼らの考えはこうです。

「不安を抱かないと人は変われない」

「今の自分ではダメだからこう変わらなくてはと不安を持てば、そこからエネルギーが湧いてくる」

それらの不安は私から見れば「ストレス」です。ストレスをかければ子どもは伸びると、大人は信じています。特に子どもに高い目標を持たせたい高学歴親は、強いストレスを与えがちです。ストレスは子の成長に良いのでしょうか。悪いのでしょうか。

実は、ストレスには善玉ストレスと悪玉ストレスがあります。コレステロールに善玉コレステロールと悪玉コレステロールが、腸内細菌にも善玉菌と悪玉菌があるのと同じです。

私たちはストレスを受けると、ストレスホルモンと呼ばれるコルチゾール（副腎皮質ホルモンの一つ）を分泌し、血管を収縮させて血圧を上げたり、体内でグルコース（糖）をつくって血糖値を上げるなどして、ストレスに対応できるように備えます。これは大切な防御機能ですが、ストレスが慢性化すると、心身にさまざまな悪い影響が出ます。

「こんなものじゃダメだ」と他者からひどく怒られたり、怒られる前から「これでは怒られる」と怖れ、「どうして私はアイディアが浮かばないのか。やはり自分には能力がないのだ」とか「この仕事には向かないんだ」などと考え続けてしまう。そうやって心身の状態を悪化させてしまうのが悪玉ストレスです。自己肯定感が弱い人はこうなりやすいと言えます。

これに対し、アドレナリンを出してやる気を出させる善玉ストレスが存在します。これは他人からではなく「自ら与えたストレス」になります。たとえば、私が何かの原稿に取り組んでいるとします。

「この文章ではダメだ。もうひとつ何かパンチが欲しい、工夫しなくては」と考えるとき、大量のアドレナリンが出てきて集中できる。これは善玉ストレスによるものです。スポーツなどで言われる「適度な緊張感」がこれに当たります。

とはいえ、この善玉ストレスをきちんと働かせるためには、こころの状態がヘルシーであることが重要です。ぐっすり眠って、良い環境で思考する。そうすれば前向きになるための前頭葉の働きが整い、論理的思考ができるようになります。その途端、不安からくる軽いストレスがアクセルになって頭も体も動くようになります。つまり、心身のコンディションが良ければ、ストレスは善玉になりやすいのです。

こころは「脳」です。したがって、意識して脳のコンディション作りをしなくてはいけません。そうすれば自律神経もしっかりしてきて、からだのコンディションも良くなります。脳が健康かどうか。それが、善玉と悪玉の分かれ道になります。

絵を描かなくなった天才児

幼児は、お絵かきで黒いクレヨン一本で塗りたくったり、お日様を青色で塗ったりしますね。面白い感性です。でも、それを認められないお母さんが私のところに「子どもの様子がおかしい」と相談に来たことがあります。5歳のマイちゃんがやることに、すごく口出ししていました。

そこで私は「よく考えたら、太陽なんて何色かわからないじゃないですか。子どもは実際にお日様が何なのかよくわからなかったりしますよね?」と話すのですが、お母さんは納得できません。娘さんがりんごを青や緑に塗ったとか、木を黒に塗ったりすると「それは正しくない」と思ってしまう。それで、絵を直したくなると言います。お母さんは具体的なことは話しませんが、実際に絵を直していたのでしょう。

その影響でしょうか。マイちゃんはある日、一切絵を描かなくなりました。

その後、マイちゃんが小学校に上がり7歳になったころ、アクシスの子どもの日イベントに参加してくれました。親と離れ、子どもだけで楽しむこの企画、のりと絵の具をまぜて油絵風の絵をキャンバスに描くものです。

始まると、他の子どもたちはわーっと描き出したのに、案の定マイちゃんは描こうとしません。何度かスタッフが声掛けをしているなかで「今日はママは（ここに）来ないよ」と告げると、彼女はやっと筆を持ちました。

そうです。絵を描き始めたのです。出来上がった絵は素晴らしいものでした。スタッフはもちろんのこと、他の子どもたちまで見に集まるくらいダイナミックな抽象画。小学1年生が描いたとは到底思えません。ほかの子たちは男子なら恐竜や車、女子なら友達や家族とお花畑の絵が多いのですが、マイちゃんの絵は突き抜けるようなパワーがありました。

「すごい！　天才ちゃう？」などと私まではしゃいでしまいました。すると、嬉しかったのか、さらに新しいキャンバスいっぱいに描き始めるのでした。

実はマイちゃんは、学校で先生に指されないのに発言するなど不適応がありました。そんなに濃い特性があるわけではありませんでしたが、先生から指摘されることが多く、それが嫌だった母親は過度に口出しをしていました。このため、不安は高くなる一方でした。お母さんから叱られると悲鳴をあげて、30分以上泣くのです。

絵を描いたあと、母親ともさまざまに相談して自由でのびのび学べる私立の小学校に転校しました。そこでは先生が自由にさせてくれ、お母さんも抑圧することを一切やめました。転校前は忘れ物が多いため干渉を続けていたのですが、それらをすべてやめたらマイちゃんはすごく伸びました。

親から信頼されていることを実感できたからなのか、とても主体的に行動するようになりました。その後は学校でも一切問題行動はなく、勉強も自分から取り組みます。前の学校で一度も宿題をしたことがなかったのが嘘のようです。

学校は私立のためクラスは教科ごとで能力別の編成だそうです。私たちに「私は幾何と代数は一番上のクラスなの。あと、理科も一番上だよ」と自慢げに報告してきます。

母親もあまりの変化が信じられないと言います。

「小1のときあんなにガミガミ言っても何にもできなかったのに。今は何も言わなくてもこんなにできるようになってびっくりしました」

教育の現場でも成績を向上させるには「子どもに危機感を持たせることが大事」と言われます。上述したように、それは事実です。しかし、私たちの理論で言うと、それが有効なのは10歳以降だと考えられます。それに加えて前頭葉がきちんと働き、脳の土台ができている子どもたちに関してのみ可能なのです。

それなのに、心配ばかりして子どもを信頼できない高学歴の親たちのなかには、土台を作っていないのにストレスだけを与えている場合があります。

私が出会ったなかには、夜中の2時まで勉強机の横に母親が座って監視する家庭がありました。正しい時間帯に適切な睡眠時間を取らせないまま危機感だけを植え付けてしまうと、それは悪玉ストレスになります。

対して、善玉ストレスが働くのはこんなケースです。

不登校だった高校生がアクシスに通い続け生活リズムが整ってきたころ、「私、もう1年休学したいな」と母親に打ち明けました。そこで母親は「あら、自分で考えてその結論を出せたの？　すごいね」と笑顔で言ったそうです。すると、娘さんは安心したようで「でも、やっぱりみんなと勉強したいし学校に行こうかな。バイトもしたい」と言って、自分でバイトを探してきました。

「自分で面接に行って、びっくりしました。あんなに人嫌いだと言ってたのに」と母親は驚いていました。母親に認められたことは、娘さんが「このままじゃいけない」と自分にストレスをかけるきっかけになったのでしょう。見事に善玉ストレスを機能させたのです。

親に認められることで子どもが得るパワーは、私たちの想像よりはるかに大きいのです。この「子どものありようをあるがまま認める」という行為は、親から子への信頼がなければ実現しません。
親が子を信頼すれば、善玉ストレスと主体性の力が子どもを成長させてくれるのです。

第3章

傷つきやすい高学歴親子

実母の亡霊に苦しむ高学歴親

「いつまで寝てるの？　早く起きなさい。あなた、今日も学校に行かないの？」

母親に起こされ、ユキさんは飛び起きます。いつも夜ベッドに入って、うとうとしたところで、怒った母親が夢の中で起こしに来るのです。

大学教員のユキさんは娘さんが不登校になり、私のところにやってきました。私立中学に通う娘さんの生活リズムを整え、ユキさんの過干渉を控えてもらうと状況はみるみる改善。再び登校し始めました。

娘さんは元気になったのですが、ユキさんの表情は暗いままでした。気になって尋ねてみたら、6年前に亡くなった実母の声が突然聞こえたり、寝入りばなに怒られて飛び起きると言います。どんな方だったのかを尋ねると「塾の先生で、結構な教育ママでした」と話し始めました。実母も高学歴。実父とともに大手予備校に勤務する塾講師でした。

ユキさんは中学受験に失敗。公立中学に入った途端、塾通いをさせられたそうです。テストの点や成績が悪かったりすると、罰として夕食を食べさせてくれませんでした。友達付き合いや男女交際にも口出しされました。

「塾講師の子どもの点数じゃないわ」

「まったく努力しない。だからあんたはダメなのよ」

そんなふうに常に否定されて育ったそうです。

「母のような親にはなるまいと思っていたのですが、結局子どもに（中学）受験させてしまいました。娘が何か失敗したりうまくいかないと、『だからあんたはダメなのよ』と母の声が聞こえてくるんです」

これはトラウマ（心的外傷）、深いこころの傷が癒えていないことから起きる症状です。

ユキさんの娘が小さかったころ、まだ健在だった実母に「この子はあなたに似て、動きがゆっくりすぎる。もう少しお尻を叩いてあげないと、大変なことになるわよ」と強い口調で言われました。こころのなかで「大変なことって何よ？何もわかってないくせに」と毒づいてみますが、実母に刃向かったのはたった一度。大学受験の際に実母が勧めた教育系ではなく、興味のあった環境保全を学べる大学を選んだときだけでした。

「あのときもすごく叱られました。母から褒められた記憶なんてありません。いまだに母の亡霊に付きまとわれている気がします」

ユキさんは娘を産んだ後、夫と離婚。その際、実母のことを好きではないはずなのに、実家に身を寄せました。

「母も『一度（実家に）帰ってくれれば？　小さい子を抱えているんだし』と言ってくれました。父は早くに亡くなっているので、母もひとりで寂しいだろうと思って……」

一緒にいれば自分が傷つくだけなのに、親を断ち切れないのです。共依存の関係は大人になっても続いていました。そのうえ予想以上にトラブル続きで、ユキさんはうつ症状が出て寝込むこともあったそうです。実母も孫の世話に音を上げたため、ユキさんは勤務する大学を替えたタイミングで逃げるように実家を離れました。

するとと実家を出てしばらくして、実母が急死してしまいました。

ユキさんがいまだに苦しんでいるのは、実母からの「おまえはダメな子」というメッセージが残っているからです。親の影響は良きにつけ、悪しきにつけ、ずっと残るのでしょう。彼女は、自分では「いや、そんなことはない。私はもう社会的に認められているし、娘も回復した。私は大丈夫」と思っているのですが、突然襲ってくる幻聴や、怒られる夢をみてダメージを受けることは防ぎきれません。

実母の死後、最期を看取れなかった罪悪感で悪夢をみるのかもしれません。ユキさんも睡眠改善をする必要がありそうです。

高学歴偏重親の「リベンジ型子育て」

子育てを、自分の人生に対するリベンジのようにとらえている人もいます。自分より良い学歴、良い人生をと願うあまりに干渉・矛盾・溺愛を続けます。親が子どもの人生を自分の生きがいにしてしまう。要するに依存するのです。これは、私が一番なってほしくないパターンです。

リベンジしたい親は子育てを焦るため、小さいころから塾に行かせるといった早期教育に走る傾向があります。最終ゴールとして「一流大学合格」を掲げ、子どものほうも頑張ってついてきて目標を達成した。その直後に意欲がガクンと落ちて大学に行けなくなる。もしくは卒業後に崩れてしまう。わが子が成人してから子育てのまずさにハッと気づく——こうなってしまう親御さんは少なくありません。

アイコさんは、娘が3歳のときから体操教室に通わせていました。小学校に上がると、1週間休みなく体操をやらせ、英会話、ピアノと、週に9コマも習い事をさせていました。その効果なのか、体操に限らずスポーツは何でもできました。学業成績もトップクラス。よくいわれる「神童」です。

「器械体操でオリンピックに出る」

そんな目標を掲げていました。中高一貫校受験も希望校に難なく合格。その時点で、アイコさんの目標は「器械体操でオリンピックを目指しながら国立大学医学部合格」と、さらに具体的になりました。父親が医師でした。

ところが、神童のパワーは子ども時代限定になりがちです。高等部に進み学力別になるクラス分けで、下のほうのクラスに入れられました。そのころから体操も振るわなくなりました。目に見える結果にしか注目しないアイコさんと娘の関係性は、当然ながら険悪になります。

その結果、娘は体操もやめ過食と非行に走り、不登校に。家出も繰り返すようになりました。自分では手が付けられないと感じたアイコさんによって、遠方に住むアイコさんの母、つまり祖母宅に預けられました。

高校に通えなくなった娘は通信制に転校しました。その後は母と祖母の選んだPT（理学療法士）養成学科に入学するも半年で退学。男性と同居しているらしいが、住所は決して教えてくれないとのことです。

現在はアイコさんの家族はバラバラになりました。アイコさんと父親は家を出てしまっていて自宅は廃墟同然です。子どもが成人してから子育てのまずさが表面化し、家族全体の問題になってしまう典型的なケースでした。

アイコさんは、実は大学受験で医学部を目指していました。でも、夢は叶いませんでした。このときの挫折感がトラウマになっていたようです。有名女子大のほかの学部に入り、卒業して間もなく医師の夫と結婚しました。

医師の家庭では、その子どもはすべからく医師になるべしと思われている節があります。医師の夫と結婚したアイコさんは、わが子を医師にすることでトラウマを解消しようとしたのかもしれません。まさしくリベンジ型の子育てでした。

「リベンジ型」はすぐに燃え尽きる

もう一組の母子は弁護士を目指していました。父母ともに東大法学部卒で父は現役の弁護士です。息子は小学生の頃から夜中まで自主的に勉強。高校時は留学し英語力も伸ばしました。本来なら留学すると1学年遅れるのですが、猛勉強して単位を取得し留年せずに卒業しました。

東大法学部を目指したけれど、試験の点数が少しだけ足らず他大学へ行きましたが、在学中の司法試験合格を目指して予備校でまたも猛勉強を始めました。

その矢先、息子さんは周囲との一切の連絡を絶ちました。3年生の夏でした。卒業して就職はしましたが、一般企業です。弁護士にはなりませんでした。猛勉強を繰り返した果てに燃え尽きたのです。

母親は司法試験をあきらめた息子を受け入れられなかったのでしょう。家から追い出したようでした。小さいころは息子を溺愛していました。高校まで朝晩母親に送り迎えをしてもらって、息子も友人と遊ぶことがありませんでした。まさに共依存の関係性です。

ところが、子どものほうが「自分は親の身代わりにされている」と親のリベンジ教育に気づくと、それまで「ママのおかげ」と感謝の念しかなかったのに、突如として落胆や憎悪といった負の感情に包まれたようでした。

親のほうも変貌します。結果が出ない子どもをアッサリ見捨てました。見捨てるなんて冷たい言い方かもしれませんが、リベンジ型の親は子どもに対し条件付きの愛情を注ぎがちです。子どもは自分の所有物。物（モノ）だから「いらない」と判断したら捨てていい。そんなふうに感じているかのようでした。

その姿は、子を見捨てることで自分を保とうとしているようにも映ります。間違った子育てをしてしまったことを認められません。自分の失敗と向き合うのが苦しいから、必死で自分の「善」を護ろうとする。これも高学歴親にありがちなトラウマと言えるでしょう。

もちろん全員がそうではありません。うまく折り合いをつけている家庭もあるでしょう。一時期ぎくしゃくしても、努力して親子関係を再構築する人たちもいます。ただ、私が見てきた限りでは、リベンジ型の親たちは、抑圧した子どもから後になって手痛いブーメランを受けます。

「受験したいわけじゃなかった」と後々言われたり、親が何らかのスポーツや習い事を押し付けた場合は「本当は楽しくなかった」とトラウマを抱えた子どもの涙を見ることになるのです。

金銭感覚がズレている高学歴親

米国では、子どもの誕生日に祖父母などの親族が株を買ってあげる慣習があります。よって、子どもにとって投資は身近なものです。お金を自分の力で増やしていくことなど、早くから経済教育を受けます。そうやって金銭感覚が養われていくため、大学に行きたい高校生は自分で奨学金を獲得すべく良い成績を取ろうと必死です。

一方、日本の子どもは「お金はほしいときにほしいだけ親からもらう」「大学は親が行けというから行くけど、特にこれを勉強したいというものはない」などと平気で発言します。塾代や習い事にかかる費用など、月に数万円ものお金を親に払ってもらっている自覚はまったくありません。わがまま勝手に「今日は行きたくないから休む」と言ってしまう子どもは、その習い事1回分の料金を稼ぐための労働がいかほどのものか理解しているようには見えません。

こうなってしまうのは、お金の有り難み、つまり「お金の価値」を、親が子どもに叩き込んでいない、それをやる煩わしさを避けているからです。にもかかわらず、なぜか「これだけ子どもにお金をかけているのだから、見返りとしていい大学・いい会社に入って高収入になってほしい」と期待しています。

この様子は、大きな歪みに映ります。子どもにお金の価値を理解させなくてはいけないのに、高学歴家庭では適切な経済教育をほどこさない傾向があります。親が高収入で金銭的に余裕があるからです。

そんな人たちが口にするのは以下のような言葉です。

「自分が受けた恩恵を子どもには受けさせたい」

「自分は塾に通わせてもらって中高大と私立を卒業したから、子どもにもそれを味わわせてやりたい」

このように自分の良かった経験を子どもにさせたい人もいれば、自分自身が富や学歴を手にするのに苦労した高学歴親のなかには、貧しかったことがトラウマになっている人もいます。彼らはこう言います。

「子どもに苦労させたくない」

「お金の苦労はさせたくない」

前者、後者ともに、子どもの塾代は惜しみません。経済教育を受けなくても成功する子どもはいるのでしょうが、私のところにやってくる親子は明らかにつまずいています。子どもにお金をつぎ込んだことが裏目に出ています。

お金は湧いてくるもの——そう子どもが思ってしまうかもしれないという戒めが、特に足りないようです。

具体的な話をすると、こづかい制を敷いていない家庭が多いのです。子どもが何かほしい、これが必要なんだと言えば、お母さんはその内容をあまり精査せずお金を渡してしまいます。もっと言えば、たとえば3000円ぐらいのものが欲しいと言われると、5000円札1枚を渡して終わります。おつりの2000円はバックしなくてもよいことになります。

百歩譲って必要なものを買ってあげるのは良しとしても、対価交換できる以上のお金を与えるのはいかがなものでしょう。

このゆるゆるの経済観念は、そのまま子どもに伝播するようです。私が出会った子どもで、親の財布からお金を盗んだり、万引きするといった金銭トラブルを起こしたケースのほとんどが、こづかい制ではありませんでした。いわゆる「大人の引きこもり」と言われる成人男性で「親のすねがなくなるまでかじる」と言い放つ人もいます。私が「親のすねがなくなって、お金がなくなったらどうするの?」と言うと、黙り込んでしまいます。

端的に言えば、経済教育の失敗が大きいと思います。上述したように高収入世帯が多いため、いわゆる「子ども費」が無限大に膨らんでしまうのです。子ども費とは、子ども一人を成人させるまでにかかるお金を指します。「インターネットによる子育て費用に関する調査報告書」(Ｌｉｋｅ Ｕ)によると小学生にかかる子育て費用は食費、教育費などを含め月平均約10万円だそうです。年間にすると120万なので、世帯年収400万なら子ども費は約30%と幅を取ります。ところが年収1000万なら家計に余裕があるため、どんどんお金を使ってしまう傾向があります。そういった親御さんたちは「子どもの幸せのためにも、お金で苦労させたくない」とおっしゃいます。

しかし、それが良いことだと私には思えません。どんなにお金があってもリミッターを設定し「子どもにはそれ以上は使わない」と決めておくほうがいいと考えます。そのリミッター設定のひとつの方法が「こづかい制」です。

月々決められたお金しか使えない。大きなものを買いたかったら貯蓄する。そんな当たり前のことを子ども時代から経験させることが大事です。そういった経験を積んでいない子どものなかから、カード破産をしたり、サラ金地獄に陥る大人が生まれるのだろうと想像します。

高学歴親子は「レジリエンス」が低い

現代において重要視されるレジリエンス。つまり「ピンチを乗り越える力」は、自己肯定感、社会性、ソーシャルサポートという3つのパーツから構成されています。

①　自己肯定感＝自分は何があっても大丈夫だと思える力
②　社会性＝周囲の人と協力しながらいろいろな問題を解決する力
③　ソーシャルサポート＝周りの人に助けられていることを実感する力

高学歴親家庭における子どもの自己肯定感の低さは、ここまでさまざまお話しさせていただきました。2つめの社会性も乏しい印象です。少子化の今、きょうだいがいたとしても2人が一般的で、ひとりっ子が多いようです。このため、周りの人と協力して問題解決をする機会が減少しています。その方法論やコミュニケーション力が身についていないようです。

3つめのソーシャルサポート。これが最も問題だと考えます。高学歴の親御さんたちは、自分ひとりで何もかもできるようになることが自立だと思い込んでいます。自分でお金を稼いで、自分で住居費、光熱費、食費とすべて払ってもまだ「余裕がある生活」ととらえがちです。つまり自立のイメージが、お金に紐づくものです。

たとえば、高学歴の親たちに「自立とは何ですか?」と尋ねると、多くの方が「自分で何でもできることです」と答えます。それもあって保険をかける意味で高学歴にさせたいと思うのかもしれません。しかし、すべて自分で賄えるぐらいの収入を得られるかなど、誰にも保証はありません。そのうえ「自分ひとりですべてが賄えるように」は、自己責任に近いイメージです。この自立のイメージ、歪んでいないでしょうか。

経済的な自己責任が自立の大きな要素である。

そう親から伝えられるため、子どもたちは他者に助けを求められなくなるのかもしれません。助けてもらうのは恥。他者に下に見られたくない。弱い自分を見せたくない。無駄なプライドが邪魔をし、ソーシャルサポートを受けられません。手を差し伸べられたくないと思っている間は、自分が周囲の人たちのおかげで生きていることを実感できません。

何かがうまくいかず、こころがポキッと折れたとき誰にも頼れない。これではレジリエンスを発揮できません。

若者に、このレジリエンスのなさが響いているのではないかと感じることが多々あります。

医学生が解剖実習を嫌がって不登校になってしまう話を聞きます。解剖実習は必修です。医学部を卒業するためには受けなくてはいけません。ご遺体はもちろん、検体してくださった遺族にも感謝しながら、勉強させていただく。ご遺体と向き合い、対話する。命の尊厳に触れることで、私たちは医者の道の入り口に立つことができるのです。

恐怖やショックが伴うかもしれませんが、それは医学に携わる者として姿勢の基本です。医学部に入るということは、ご遺体も含め、人間の体、命と向き合うことになります。

したがって、実習に対するネガティブな気持ちが生まれた時点で、「助けてください」と周りの人に言えば解決方法はあるはずです。が、そこで上述したように無駄なプライドがあると、助けを求められません。結果的にピンチを乗り越えられないのです。

悪くすると、長期欠席、退学にまで発展してしまいます。そうなってしまう背景には、医師という職業ではなく、高学歴を目指すための医学部入学というケースが少なからずあるようです。

看護科にも、実習を理由に途中退学するケースはあります。私が知っているだけでも数人いました。実習がハードすぎる、というのが理由です。卒業して就職した後は、「いろいろな患者さんとしゃべらなきゃいけないのが苦痛」と言って辞めてしまいます。

しかし結局は、どんな仕事も人と向き合わなければできません。研究職はチームで協力し合う側面が必ずあります。フリーランスはクライアントなど他者とかかわって仕事を獲得します。社会性を身につけ、適切なソーシャルサポートを受けることは、人生を成功させる大きな要素でもあるのです。

ANNO 2000

講談社+α《プラスアルファ》新書

第4章

高学歴親は「間違った早期教育」に走る

5歳児にサイン・コサインを学ばせる高学歴親

いまの時代、高学歴親ほど、子どもに早期教育を施そうとします。ひとりっ子の場合などなおさら、「絶対に失敗できない」とばかりに、小さいころから幼児教室に通わせたりします。

たとえば、3歳の子どもに九九を教える幼稚園がありました。毎日唱えさせると、本当に言えるようになるのです。

「うちの子はサイン・コサインでつまずいちゃって」

そう困ったように話すお母さんの息子は5歳だそうです。するともうひとりの方は「二次関数で、もうダメよ」と言うのです。本当に二次関数？　と疑いたくなると思いますが現実です。

5歳のサイン・コサインも二次関数も、3歳の九九も、私に言わせればほとんど意味がありません。子どもたちは内容を理解せず単に暗記しているだけです。親御さんたちも「何のためにこれをやるか」と振り返れば、自ずと答えが出るはずなのですが、そこに気づきません。

ひとりのお母さんは「この子の幸せのためにやっている」と答えました。わが子に良かれと思ってやっているのです。

「将来困らないように今からやっている。それの何が悪いの？」

そう考えてしまうのです。しかしそれでは、子ども時代の「今」が人生最高点に達する子を育てることにならないでしょうか。

早期教育に精を出す高学歴親の方々と、私とで一致する意見もあります。それは「子どもは可能性のかたまりだ」と考えている点です。

ただし、方法論が違います。わかりやすく言うと、そういう親御さんたちは「脳を育てる順番」を完全に間違えています。この「順番」を間違わなければ、子どもの可能性を引き出せるはずなのに。

この章では、正しい脳育ての順番を、実例を交えてお伝えしましょう。

週6回の習い事をしたタケシ君のケース

タケシ君は、研究職のお父さん、医療系専門職のお母さんとの間に生まれたひとりっ子です。2歳から幼児体操教室、3歳から幼児学習とピアノ、それに英会話のクラスに通わせると、どこでも楽しそうに活動しており、先生にも「能力がある」と褒められました。本人も嫌がらないし両親も期待していたので、せっせと送り迎えをしながら、週6回の習い事に通わせました。

1歳から入っている保育園ではじっとしていないことが多かったものの、もともと自由な雰囲気の園だったので特に目立つことはありませんでした。むしろ、他の子どもたちより知識が多いぶんボス的な存在だったといいます。ところが小学校に入ったとたん様子が一変します。

低学年の頃から授業中でも教室を歩き回ったり、クラスの友達に手をあげる、宿題をしてこない、しょっちゅう忘れ物をするといったことがよく担任から報告されるようになりました。担任から「ご家庭でしっかり見てあげてください」と言われて両親は悩み、できるだけのかかわりをしようと決心しました。

そして、小学４年生になるまでには、家で管理できる部分については、お母さんがかなり厳しく働きかけるようになっていました。もともと父母とも「小学校から大学まで、勉強で苦労したことがない」という人たちだったので、タケシ君の学校での様子には本当に戸惑ったようですが、「できないなら私たちが管理するしかない」と思ったそうです。

学校から帰ってきたらまず、うがい、手洗いの声がけから始まります。その後、おやつを食べさせ、ランドセルをチェック。その日の宿題を引っ張り出し、一緒に机の前に座ります。タケシ君が集中できずにだらけてしまうと、厳しく叱ったり励ましたりしながら続けさせます。宿題が終わったところで、お母さんは夕飯づくりにとりかかります。

宿題が終わるまではゲームは禁止なのですが、終わってしまえば寝る時間までゲームをしてもＯＫにしていました。タケシ君はきつい勉強から解放されてひたすらゲームばかりやっています。以前は好きだったピアノも今はまったく練習しなくなりました。

朝はタケシ君が起きるまで寝かせておきます。学校に行く準備は、毎日お母さんが代わりにやっていました。

その後、彼の問題行動は改善されるどころか、ますますひどくなります。自宅学習の際に口出しすると、家でもキレて、食器や家具を投げるようになってしまいました。

こうなる少し前に、この親子は私やアクシスとつながりました。私たちは以下のことをアドバイスしました。

「夕食の開始時刻は、毎日夜7時にすること」

「21時までに寝ること」

単なる生活習慣の提案なので、タケシ君も抵抗することなく受け入れてくれました。

さらに、私たちは両親に、時々夕食の支度ができない事情をつくり、タケシ君に助けてもらうよう伝えました。手伝ってくれたら「ありがとう」と忘れず感謝する。お父さんには夕食の時間に間に合うときは早めに帰宅し、家族が一緒に食卓を囲む時間を持つようお願いしました。

するとどうでしょう。

タケシ君の行動に、徐々に自主性が見え始めました。お母さんも以前ほどつきっきりで世話をすることがなくなりました。21時までに寝るためにはいつゲームをやめればいいかも、自分で考えるようになりました。5年生、6年生、そして中学生になるころには、以前に問題行動があったとは思えない生き生きした姿をみせてくれるようになりました。

このころには、お母さんお父さんには「タケシ君から自分で考えた言葉を引き出すかかわりをしてください」と指導しました。すると、徐々にタケシ君は自律的に行動ができるようになり、高校は「動物にかかわる研究がしたい」と理系コースを選び、現在は大学で夢に向かって勉強しています。タケシ君は問題児呼ばわりされる状況から、なぜ脱却できたのでしょうか。

脳には育つ順番がある

人間が生きてゆく機能の大部分は、脳が担っています。ですから子育てイコール「脳育て」と表現していいくらいです。脳を正しく育て直せたからこそ、タケシ君は変われたのです。首がすわる前に言葉を話す子がいないように、脳の発達には段階があります。したがって、この脳育てにも守られるべき順番があります。

子どもが生まれてから5歳くらいまでに、まず「からだの脳」を育てなくてはなりません。寝る、起きる、食べる、からだをうまく動かすことをつかさどる脳です。これは主に、内臓の働きや自律機能の調節を行う視床下部などの間脳や脳幹部を含む部位を指します。

生まれたときは寝たきりで、昼夜関係なく泣いておっぱいやミルクをねだります。徐々に夜起きずにまとめて眠ってくれます。首がすわり、寝返りを打ち、お座りをしてハイハイができるようになります。そのうち、朝家族とともに目覚め、夜になったら眠り、食事を3回とり、喜怒哀楽を表現し始めます。要する

脳の発達は順序が大切

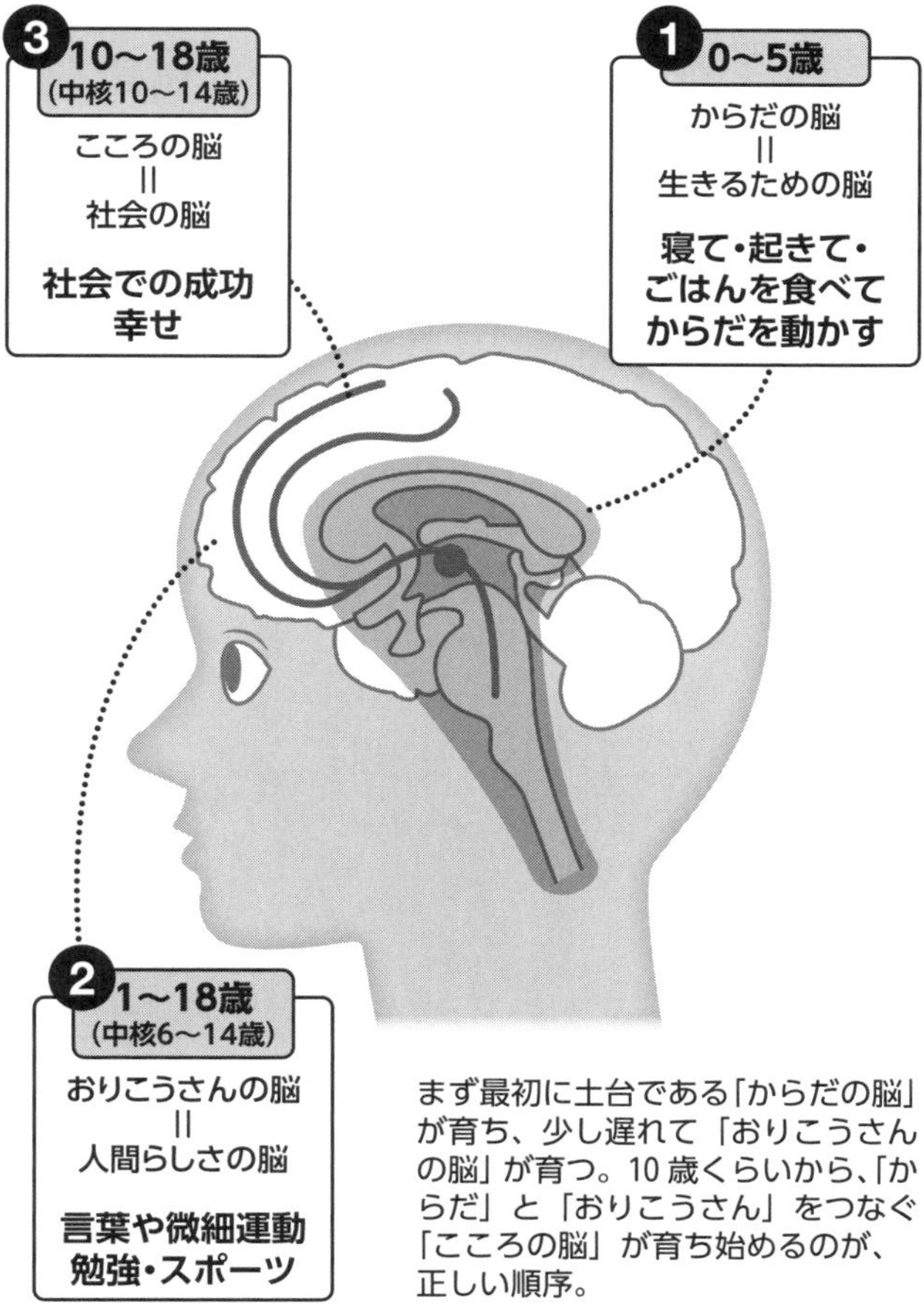

まず最初に土台である「からだの脳」が育ち、少し遅れて「おりこうさんの脳」が育つ。10歳くらいから、「からだ」と「おりこうさん」をつなぐ「こころの脳」が育ち始めるのが、正しい順序。

に、人が生まれてから最初に始まるからだと脳の発達です。

このからだの脳が育つ時期を追いかけるように1歳から「おりこうさんの脳」の育ちが始まります。主に、言語機能や思考、スポーツの技術的なもの（微細運動）を担う大脳新皮質のことです。小中学校での学習を中心にぐんと発達しますが、当然ながら個人差があります。おおむね18歳くらいまで時間をかけて育ちます。

最後に10歳から18歳までにかけて育つのが「こころの脳」です。大脳新皮質のなかでも最も高度な働きを持つ前頭葉を用いて、人間的な論理的思考を行う問題解決能力を指します。

このように3段階で脳は育つのですが、多くの親たちが「からだの脳」を育てずに、「おりこうさんの脳」と「こころの脳」の機能を求めています。それが、高学歴親が子育てでつまずく大きな要因です。タケシ君もそうでした。

タケシ君の脳育ての失敗の原因は、幼児期に「からだの脳」を育てることを軽視したことにあります。フルタイムで働きながら複数の幼児教室に通わせるために、お母さんはいつも時間に追われていました。タケシ君が3～5歳ごろの夕食は20時過ぎが普通で、それからお風呂、一休みして布団に入るのは早くて22時、時には23時になっていたそうです。「おりこうさんの脳」が育つのに反して、「からだの脳」はしっかり育っていないアンバランスな状態になっていたのです。

子どもは、親の言動を見て育ちます。早寝早起き朝ごはんを大事にしている。それを実現すべく頑張ろうとしている親かどうか、ともに生活するなかで価値観が刷り込まれていきます。

あとで説明しますが、物事のとらえかた、発する言葉の内容、子どもに見せる表情、子どもとの遊びかたひとつとっても、子どもへの影響ははかりしれません。

習い事よりも大切なことがある

「からだの脳」が育つよりも先に、「おりこうさんの脳」を育ててしまう。そうすると、幼少期は親の言うことをよく聞き優秀だった子どもが、小学校高学年以降に、不登校や不安障害など、こころの問題を引き起こすリスクが高まります。

タケシ君の例でも明らかなように、脳育ての順番を軽視すると痛い目に遭う、これは事実です。

「からだの脳」がしっかりとした土台を築き、その上に「おりこうさんの脳」、「こころの脳」が乗るのがよい脳育ちのイメージです。「からだの脳」が貧弱に育ってしまうと、後になって「おりこうさんの脳」や「こころの脳」をいくら積んでも、バランスを崩して倒れてしまう危険性があります。

たとえば、二階がリビングの戸建ての家に住むという前提で考えてみてください。

皆さんが求めているのは、リビングに置く素敵なソファであったり、大画面テレビだとしましょう。それらをほしいと思うのが間違いだとは思いませんが、一階（＝からだの脳）の建物が二階（＝おりこうさんの脳）に比べてあまりに小さいと、二階にいろいろなものを詰め込んでしまうと崩れ落ちます。もしかしたら詰め込まなくても、ほんの小さな地震で家は崩壊してしまうかもしれません。大震災が来たら、家族全員がつぶされてしまいます。

一階、つまりからだの脳がちゃんと出来上がっていれば、小学生の子どもは夜になったら寝て、朝になったら起きて「お腹すいた！」と言って朝ごはんを食べる。満足して幸せな気分になって「行ってきます！」と言って学校に行きます。

一見、普通に毎朝起きて学校に毎日行っている子どもであっても、実は朝はまだ半分寝ている子どもを無理やり起こしたり、空腹でない子どもにごはんを食べさせようとしている家庭のほうが圧倒的に多いことが小学校の調査からわかっています。

もしかして皆さんは、からだの脳（一階）育てがうまくいっていない暮らしのなかで、習い事やスポーツ（二階）を無理にやらせてはいないでしょうか。もちろん子どもがやりたいと言えばやらせたいのは親心です。能力を伸ばすことに力を尽くすことは構わないのですが、見落としてほしくないのが「バランスを欠いた脳になっていないか」です。

親御さんに「どんな子を育てたいですか」という話を聞くと、「とにかく丈夫であればいい」と言う人はほとんどいません。規則的に呼吸をして、心拍が速すぎもせず遅すぎもせず、筋力がちゃんとあって、危険から身を守れるぐらいの運動神経がある。夜になったらコテッと寝て、朝になったらパカッと起きて、いつもニコニコ元気いっぱい。そんな子がいいです、と言う親御さんに出会ったことがありません。

しかし、そこが一番大事なのです。そこを土台にすべてが作られるのですから。

私に言わせれば、「どんな子を育てたいですか」に対する答えは以下のようになります。

その1「からだの脳」時代は「原始人のような子」
その2「おりこうさんの脳」時代は「学校の勉強以外の知識欲がある子」
その3「こころの脳」時代は「相手のこころを読める子」

「原始人のような子」に育てる

「からだの脳」時代における親の役割は、とにかく「昼行性動物」のリズムを脳に覚えこませることに尽きます。昼行性動物というのは夜行性の反対ですから、「朝太陽が昇ったら活動を開始し、夜太陽が沈んだら眠る」生活をする動物のことです。人間は人間なのですが、まだまだ現代人には程遠い、原始人のイメージです。

端的に言うと、赤ちゃんが生まれてから親が行う「育児」とは、５歳までに立派な原始人を作り上げることと言っても過言ではない。これが「からだの脳」育てです。５歳までに、動物の本能というか、自分が生き延びるために環境に適応する力を身に付けなければならないのです。

たとえば、あちらの藪が動いている。カサカサと音がする。敵がいるかもしれないと察知する視覚と聴覚。何か匂いがするぞと感じる嗅覚。何かの実を拾って食べたときに、味がおかしい、食べちゃダメだとなる味覚。風が湿っぽいから雨が降るぞと察知する触覚。これら五感を使って身を守るのです。

そうやって安全を確認したらリラックスする。そして、きちんと一日3回空腹を感じて食事を自発的に摂る。時々刻々と変わる気温や湿度の環境に適応するよう、自律神経を働かせて体内環境を維持できる。敵が現れれば感情むき出しにして怒り、恐怖し、逃げる、戦う。これが原始人の力です。

本能といってもいいでしょう。この力を作るために、大人が日々の「生活」から脳に刺激を入れ続けることが、「からだの脳育て」というわけです。

また、この時期には「からだの脳」に基地を持つ原始的な3つの神経伝達物質「ドーパミン・セロトニン・ノルアドレナリン」の分泌を促進することも重要です。それをすることで生きるための力の土台を作ります。

この三大神経伝達物質は、生まれてから5歳までにしっかり分泌されることが大事です。脳にしっかりと良い刺激を与えておくと、高度な神経ネットワークが形成され、最終的に「こころの脳」育ての時代になると、ストレスに強く論理的思考や抑制機能が高い脳になるのです。

では、この原始人の脳を作るうえで一番カギになるのは何か。それは現代社会では「年齢相応の十分な睡眠時間」ということになります。講演会などで話をすると、皆さん「え？　うちの子ちゃんと寝てますけど……」とおっしゃいます。実は、この「ちゃんと」が曲者なのです。

皆さん「子どもは8時間寝ればいい」と思っていらっしゃる方が多いようです。5歳の幼児も小学校高学年と同じように考えています。大人の睡眠は6時間か7時間くらいだから、子どもは8時間だと言うわけです。しかし、年齢によって必要な睡眠時間、そして推奨される就寝時刻も決まっています。どちらも科学的・医学的な根拠に基づいたものです。

まずは睡眠時間から見直しましょう。5歳児は11時間寝かせることが正しい発達のために必要と、小児科の教科書に書いてあります。加えて重要なのは睡眠の「時間帯」です。午後7時に就寝、午前6時起床が望ましいと考えます。

しかし、現代日本の現状からいうと午後7時就寝はほとんどの家庭で不可能に近いので、私は午後8時就寝、午前6時起床の10時間を目指すようにお願いしています。その理由は、原始人が「太陽が沈んだら寝る」「太陽が昇ったら起きる」からです。ちなみに小学生の場合、教科書的には10時間の睡眠時間を推奨していますが、私は午後9時就寝、午前6時起床の9時間睡眠を目指してもらうようにお話ししています。

「うちの子ちゃんと寝てます」という家庭の状況をよく聞いてみると、寝る時刻が23時以降だったりします。また寝たように見えて寝返りが多いなど浅い眠りだったり、おねしょして夜中に起きることもあり、深く正しく眠っていません。そうなってしまうと、脳は健全に育っていないと考えられます。

日が昇る朝6時前後に起きて活動を開始し、日が沈む午後7時前後に活動を終えて8時には眠りにつく。この睡眠のゴールデンタイムは、昼行性の動物である人間の子ども、原始人にとって不可欠な脳育ての基礎と言えます。

「学校の勉強以外の知識欲がある子」に育てる

さて「おりこうさんの脳」時代の中核である小学校・中学校時代は、学習やス

子どもに必要な標準睡眠時間

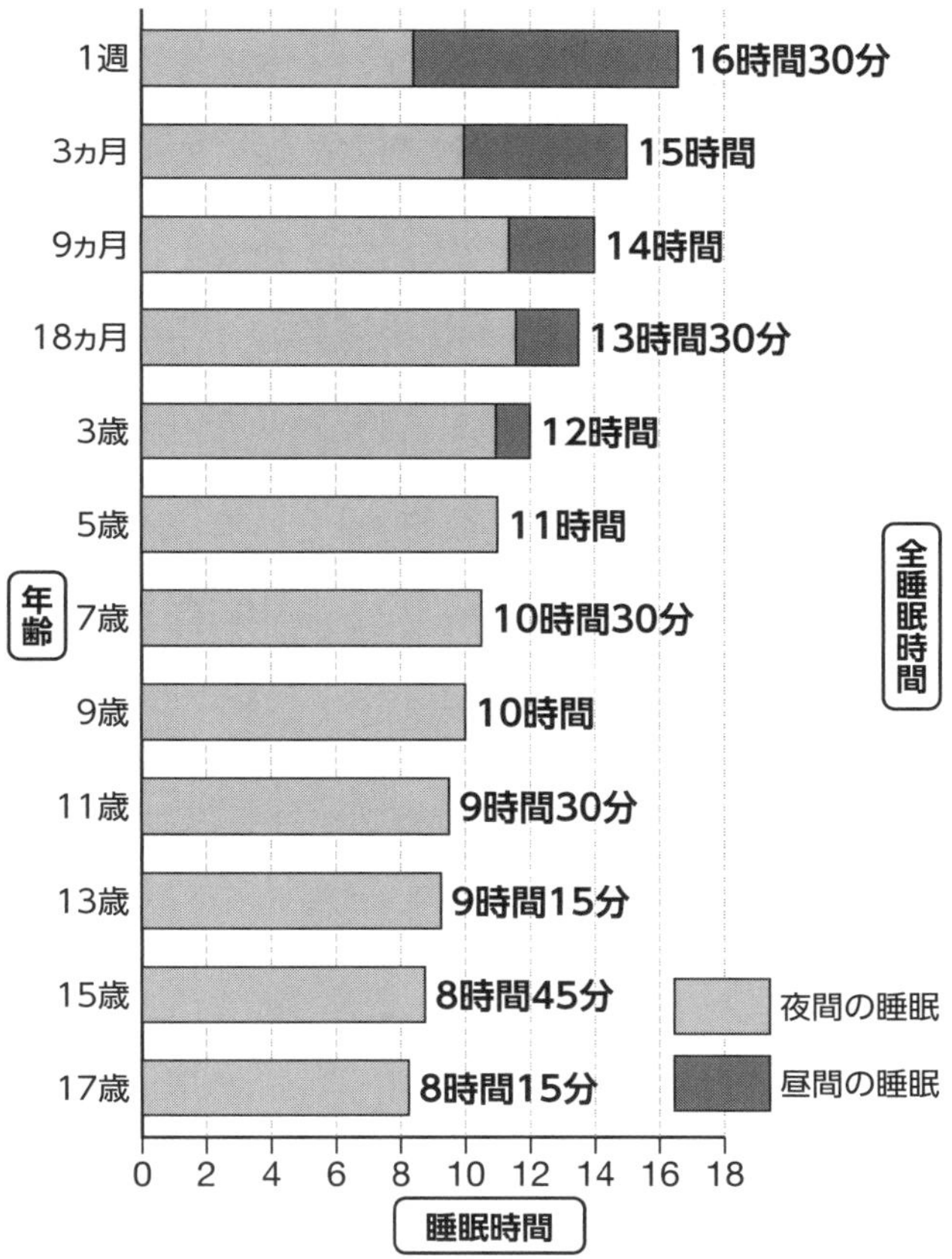

出典：Nelson; Textbook of Pediatrics, 19th ed.より作成

ポーツなどさまざまな活動を学校や課外活動で行う時期です。この時期も、子どもの「睡眠」を甘く見てはいけません。土台である「からだの脳育て」をし続けなければ、さまざまなリスクにさらされます。

睡眠不足だと、寝ている間につくられる成長ホルモンが分泌されないので、骨などからだの成長が阻害されます。サッカーや水泳教室などに放課後通わせて寝る時間が遅くなれば、低身長や骨折の危険性が高まります。さらに、小児期に十分睡眠をとらなかった子どもは思春期以降に肥満やうつ病、早発月経のリスクが高まるという報告が全世界から出ています。

特に、睡眠の後半部分には、日々新しく入ってきた情報を整理整頓し、固着させる大事な働きがあります。これが「おりこうさんの脳」育てに必須な条件です。十分な睡眠時間をとらないと学習機能にも悪影響を及ぼすということです。

ところが、再三伝えているように、高学歴の親は早期教育に走りやすい傾向があります。小さいときから習い事や塾に通わせ睡眠時間を削っていたタケシ君を思い出してください。彼のような生活になってしまう原因は2つ考えられます。

まず、「(早期教育を) やればやるほど頭がよくなる」と考えている節がありま す。学業を頑張ってきた親御さんたちは、ご自分の成功体験から努力すれば花が咲くと考えます。他の子が塾で勉強している最中にわが子が寝ている。それを想像しただけで不安になるのです。

もうひとつは、他の子どもと比較してしまうからです。他の子どもが習い事や課外学習をしているのに、自分の子がしなかったら「親である自分が」疎外感を覚えます。

その意味で、高学歴親は特に不安になりやすいため、なおさらそう思うのです。

正しい睡眠で高度な脳をつくることは、子育てにおける最重要課題と言えるでしょう。冒頭のタケシ君が、どれほど学習刺激を入れても伸びなかった、それどころか成績が落ちるばかりだった原因もおわかりになるのではないでしょうか。両親はタケシ君の困った行動を目の当たりにすると、つい管理したり、抑制したりしていました。

そこを改め「からだの脳」を育て直すべく生活リズムを整えたら、良い結果がもたらされました。接し方を１８０度変えた結果、良い方向に変わった好例です。

ただし、ここで注意していただきたいのは、「おりこうさん脳」を育てるにあたって、必要な知識・学習は決して学校や塾でだけ入れればいいものではないということです。この時期、しっかり睡眠と食事をとり、自律神経がよく働いて、いつも体調がいい子どもの脳には、新しい知識や情報が刺激として無限に取り入れられます。学校の学習以外の知識や情報を、刺激として惜しみなく子どもに投入することが、おりこうさん脳時代の子どもをよく育てるコツです。

「学校で習う以外の知識・情報」がたくさんある子であれば、「いいぞ、うちの子はよく育っている!」と自信を持ってください。たとえば宇宙人でも鉄道でも、土の中の虫でもサッカー選手の名前でも、なんだっていいのです。本当に興味を持って自発的に知識を得ようとする姿が見られるなら脳育ては大成功です。親としては可能な限り、そこに寄り添って応援してあげられるとステキだと思います。

その点からすると、子どもが小さいときから親が好きなことに巻き込んでいくことが効果的かもしれません。ちなみに私の場合は、子どもが小さいときから自分の好きな演劇に一緒に連れていっていました。いつの間にか子どもはミュージカル大好き少女、特に『レ・ミゼラブル』にはまって博士級の知識を持つようになりました。

以前かかわったお子さんは、お父さんと一緒に釣りに行くうちに、自分で水槽を10個以上保有して多種類の魚を飼育するようになり、ついには水産系の大学に進学しました。いずれの子も小中高の成績はというとトップクラスではなく、むしろ落ちこぼれでした。とはいえ、脳は確実に育っていたのです。

「相手のこころを読める子」に育てる

二十数年前のことです。米国留学から帰国したてのとき、参加した小児神経学会に出店されていた本屋さんで「語用論」に関して書かれた書籍をみつけました（残念ながらもうなくしてしまって書名も思い出せません）。恥ずかしながら「語用論」という単語すら知らなかったので、その内容は目からウロコでした。

簡単に言えば語用論とは「言外の意味を持たせ、それによって相手に行動を促させる」という言語的なテクニックです。たとえば「ラジオの音、うるさいなあ」と家族から言われて、無言で立ち上がり、ラジオのボリュームを下げる。このとき、言われたほうは実は「ラジオの音、うるさいなあ」の裏に「うるさいから音量下げて」という言外の意味が入っていることを察して行動しています。

これを察知できないと「え？　うるさくないよ。僕にはこの音がちょうどいい」などといった返答をしてしまい、人間関係がうまくいかなくなる可能性があります。

その本には自閉症の特徴として「語用論の理解が先天的に障害されている」とありました。その後しばらくして、脳科学的な自閉症研究の流れは、この語用論に則したものになりました。主に前頭葉の機能が、いかに自閉症児者において障害されているかといったことにフォーカスされ始めたのです。脳科学的に「こころの理論」と呼ばれるものです。

私はこの「語用論」が、「こころの脳」育てに使える！　とひらめきました。

そして自分の娘で「実験」を開始したのです。

まずは2歳の娘に「だっこ　ください」と言わせました。

3歳になったら「つかれた。だっこをください」と気持ちを表現する言葉を添えてもらいました。4歳になったら「いっぱい歩いたから疲れた。だっこをお願いします」。

5歳になると、高度になりました。

「私はとても疲れたけれど、お母さんの腰の具合も悪そうなので、あの電信柱のところまで抱っこをしてください」

このように正しい文章ですべての意味を伝える日本語を会得しなければ語用論は使えないと考えたのです。

小学生になったとき、娘とこんな会話をしたことを覚えています。

「お父さん、コンビニに買い物に行ってくれたけど、急に雨が降ってきたね。お父さん、傘を持って行ったかな？」

「あ、傘立てに傘があるから、持って行ってないよ」

「ずぶぬれになっちゃったら大変だね。傘を持って行ってあげようか」

「うんそうしよう」と丁寧に会話をつないで行動していました。

中学生になったある日。

私が「あ〜犬が散歩行きたがってるねえ。でもお母さん今日は腰が痛いなあ」と発言したのを受けて、娘が「それって私に犬の散歩行ってほしいってこと？」と聞いてきたのです。

「こころの脳」が本当に発達するのは10歳以降です。このとき娘は初めて「語用論」を身につけた。でも、ちゃんと確かめないと間違った言外の意味をとらえてしまうと思って私に確認したのでした。

このような経験から、このプロセスを経なければ大人になるまでに語用論を使いこなせないと考察しました。これこそが、私が「どんな子を育てたいですか？」に対する一番大切な「こころの脳育て」に関する答え、「相手のこころを読める子」の意味です。この考え方を使ってアクシスでは様々なワークショップを展開しています。

たとえば、上司に「この文書まとめるのに2時間かかるのだけど、僕はいまから会議なんだよねえ」と言われたときの部下の回答はどれが理想的でしょうか。

A「会議終わってから2時間かけてまとめればいいじゃないですか？」

B「それって私にやれって言っているということですか？」

C「会議は部長がお出にならないといけない仕事なので、私が文書作成をお手伝いいたしましょうか？」

もちろん上司との関係性いかんで変わるかもしれませんが、社会人としてAよりもBよりもCが望ましいのは間違いなさそうです。この他者の気持ちを察する感覚こそが「こころの脳」で司られる語用論です。これを生活の中で親が自然に子に身につけさせることが、子どもの社会での成功や幸せに結びつくと私は考えます。

脳の発達は生活の場で成し遂げられます。私は、自閉症があろうがなかろうが、程度の差はあれ、「生活」によって「こころの脳」は育てられると確信しています。

ゼロ歳児にこそ語りかけよう

笑顔を絶やさない両親に育てられた子は、いつもご機嫌でいられることが多いという実感があります。そして、親が伝えたいことを、すーっと理解します。これは「ミラーニューロン」も作用しています。この神経細胞を使って、子どもは親の動作や言葉を真似するのです。

それなのに、「ゼロ歳ってまだ言葉話せないじゃないですか、喋れないじゃないですか。だから、私は話しかけないんです」と話すお母さんがいます。子どもと二人きりのときもずっとスマホをいじっていたりテレビをつけたままで、子どもに話しかけたり笑顔を向けたりしません。

実はそうではないのです。子どもはゼロ歳から親が近くで口を動かし、しゃべるのをずっと見ています。その口の動かし方を脳の中に再現しておき「あぶ〜」

などと一所懸命練習し、ついには「ママ」「パパ」と、意味のある言葉を発するようになります。したがって、覚え込ませたい行動や言動を目の前で見せ続けたほうがいいのです。

さらにいえば、幼児期から早期教育に力を入れる人は、ミラーニューロンを使って子どもの脳を活性化する機会を逸しているとも考えられます。そうではなく、親が正しいと思う行動、たとえば「ごめんなさい」「ありがとう」と謝罪や感謝する姿を見せることが大切です。

「子は親の鏡、親は子の鑑」という格言があるように、親が理想とする行動や言動を子どもに示し伝えるのです。少々厳しい言い方になりますが、そこは他人任せにしないことです。

たとえば、お父さんが出張などで不在がちなとき、お母さんが「お父さんは今頃一所懸命働いてくれてるよ」と子どもに伝える家と、「うちのパパったら役に立たないわね」と言ってしまう家。２つの家庭は真逆です。父親に対しまったく異なるイメージが刷り込まれていきます。同じように、スポーツのコーチが「こうしなさい」「ああしなさい」「これはダメ」と、指示・命令・否定ばかりの指導をするのも歓迎できません。子どもにそのボキャブラリーしか入りません。

先日、外食に出かけた先で、母親と2人の子ども連れの家族を見かけました。お母さんが子どもたちをテーブルにつかせ食券を買いに行く間、3歳くらいの男児が自分が座る子ども用の椅子を引っ張って持ってこようとしました。それを見た5歳くらいの女児が、突然険しい顔つきになりました。

「○○君、そのお椅子持ってこないで！　ママが持ってきてって言ってからじゃないとダメでしょ。○○君が動かしたら危ないでしょ！」

大人びた口調で注意し始めました。恐らく母親そっくりの言い方なのでしょう。まるで鏡のようです。そのようにいつも母親に自分が言われているのかもしれません。

「この椅子持ってきたんだ。小さいのにえらいねえ。ママのこと助けてくれるんだね。ありがとう」

もしこのように話しかけていれば、5歳くらいのお姉ちゃんの口からも違う言葉が出てくるのだろうと思います。あわただしい子育てにストレスもたまっていたのかもしれませんが、見ず知らずの親子が心配になった出来事でした。

脳育てはゼロ歳から差がつきます。でも多くの親御さんが、早くから塾や習い事に通わせ「おりこうさんの脳」を育てようとしてしまう。実はそれは、脳育ての観点では「出遅れている」ことになります。子育ての時間は限られています。おりこうさんの脳にばかり注目してしまうと、睡眠や言葉かけなど「からだの脳」をつくる時間が削られるわけです。

「引きこもり」は予防できる

起立性調節障害。この病名、皆さんはお聞きになったことがありますか？　別名「自律神経失調症」とも呼ばれ、ここ数年子どもにも大人にも増え続けています。その名の通り自律神経の不調によって、起床時に辛い症状が現れます。

具体的には「朝なかなか起きられない」「頭痛や腹痛が多い」「立ちくらみやめまいがする」「じっと立ってると気分が悪くなる」「乗り物酔いしやすい」などで

す。そういった症状があることを前提に、横になって安静時の状態と、立ち上がったときの血圧や脈拍の差を調べて確定診断をします。

小児心身医学会の報告（2018年度）によると、小学生の約5％、中学生の約10％が罹患しているそうです。重症は約1％。不登校の約3～4割に併存していました。男女の割合は、男子1に対して女子は「1・5から2」と女子に多く見られるようです。起きやすい年齢は10～16歳。つまり思春期に出やすいと報告されていました。もちろん大人にも起きます。

この疾患があると学校に定刻に登校することが困難になります。そのため、不登校や引きこもりになっても「起立性調節障害のせいだから仕方がない」と学校の先生や親たちに言われます。

しかし、私はそうは思いません。なぜなら、自律神経は前述のように「からだの脳」の働きです。これがうまく育っていない子どもに起立性調節障害は起こります。もちろん生まれつきの体質も関係します。しかし、「からだの脳」はいつからでも育て直せるという事実もあります。

実は私も、幼少期からひどい起立性調節障害に悩まされてきた経験があります。中学生のころ、毎朝目の前が真っ暗な状態で布団から這い出し、よろよろと着替え、歩いて駅に着くまでに3〜4回ほど道端に座り込んで休憩していました。やっとのことで学校にたどり着いても、朝礼では毎回倒れてしまいました。温泉に行けば、すぐに湯あたりして気を失いました。

そんな私がなぜ今、朝は3時、4時にスパッと起きられるのでしょうか。起きてバリバリと仕事をし、朝風呂に1時間入り、朝ごはんをこれでもかというほど作って食べます。そんなふうに私が動けるのは、生活をきちんと整えて自分の「からだの脳」を、そして自律神経を鍛え直したからです。

自律神経は私たち人間を含めた動物が、どんな環境下にあってもそこそこ「いい具合」に体の状況を保つための神経です。自律神経は私たちに夜、十分な睡眠をとらせます。朝は活動するエネルギーをみなぎらせてくれます。食欲を感じさせてくれ、食事を摂らせます。食べ物を消化して栄養分を吸収し、老廃物を排泄させる。すべて自律神経が関与しています。

加えて、自律神経は季節によって刻々と変化する外気温や湿度に応じ、体温を常に一定に維持します。寝る、立つ、座る、など体位が変わっても瞬時に血圧を変化させて、体の隅々まで血流を過不足なく行き渡らせます。まさに「自分で自分を律する」神経であり、なくては健康が阻害される。私たち人間という動物の生存に必須なものです。

その働きぶりについては、個人格差が大きいのも事実です。生まれつきの「良い」「悪い」はありますが、メンテナンスや鍛え方によってずいぶん変わってきます。その鍵を握るのが、睡眠・食事・運動といった基本的な生活習慣です。

つまり、私は正しい睡眠・食事・運動をしているだけです。これについて二十数年の年月をかけて、そのエビデンスを学び、自分自身と自分の子育てでも実験済みです。強い確信があります。

そして私のところに来てくれる人たちが、そのことを次々と立証してくれます。何をやっても午後2時からしか登校できなかった子どもたちが、高校に入るころには朝5時起きで自転車通学できるようになるのです。

欧州の幼稚園は子どもを野山に放す

２０２０年に日本でも発売された世界的ベストセラー『スマホ脳』（アンデシュ・ハンセン著）を読まれたでしょうか。

タイトルから想像される「スマホはとにかく悪！」という一方的な糾弾ではありません。あくまでスマホ（あるいはタブレット・ＰＣ・ゲーム機などもスマホと総称します）が人類の進化の過程においてどのような位置づけになり、どのような刺激を脳に与え、その結果、脳にはどのような影響が与えられるのかということを、冷静かつ科学的に論じています。

日本でも子どものスマホ依存が大きな問題になっています。

私が主宰するアクシスでは、大人が子どもに提供する「生活」の重要性をずっと説いてきました。この章でお伝えしたように「生活」が子どもの脳を育てるからです。それなのに現実は、スマホが子どもの学習時間や睡眠を奪い、外遊びを阻止する「子どもの時間泥棒」になっています。ただし、その論調はおしなべて、子どもがスマホを手放せないことは「甘え」や「自制心のなさ」など、子ども自身の問題であるというものです。本当にそうなのでしょうか。

本の中でハンセンは、自分も「スマホ依存になっていた」という経験を告白しています。そこから彼は「意図的に」離脱することに成功しています。ハンセンのように、大人は甘えを捨てて自制心を振り絞り、自分で離脱できます。

一方で、まだ「意図的に」「自身の脳で」離脱するところまで脳が発達していない子どもたちには、一緒に生活する大人がサポートしなくてはなりません。親が「そうならないように脳を育てる」、もしくは「そうなった子の脳を育て直す」といった手助けをしなければいけません。

基本的な対処法としてアクシスで伝えているのは、先に述べた「原始人のような子に育てる」ことです。

「からだの脳」時代の子は原始人です。環境からの刺激を五感で受け止め、本能で反応して生き延びる能力を育てている時代です。好奇心で周囲を探索して興味深いものを探し当てます。となると、スマホからの刺激は彼らにとってあらがえない魅力で、自制することは不可能であることはわかりますね。

ですから私たちは、5歳までは、スマホやゲーム機、パソコンはもちろん、テレビとの接触も極力避けてほしいと指導しています。特に食事中のテレビ視聴はやめましょう。強い光と音の刺激で脳が支配されてしまうため、五感を働かせて食べられません。

就寝前の1時間は、5歳を過ぎてもやめさせましょう。なぜなら、昼行性の動物である人の脳は午後になるとメラトニンという脳内ホルモンが分泌され、日が沈む時刻になれば自然と眠気が訪れるよう体内時計はセットされています。

それなのに、就寝前にスマホなどから目にブルーライトといわれる強い光を入れると、メラトニンの分泌量が減少し体内時計が狂ってしまいます。子どもに「寝なさい！」と急かしても「だって眠くないんだもん」と言われていませんか？　それは「眠くならない脳」になっているためです。

これを解決するには、野原を駆け巡ることです。自然の中で木登りをして落ちそうになるのをこらえたり、ちょっとした小さなくぼみに足をとられそうになる。もしも転んだら、次は気をつける。日々そんな活動をすることです。

そういう環境を、モンテッソーリなどオルタナティブ教育が盛んな欧州の幼稚園などは必ず用意します。野山に子どもを放すのです。それは原始的な動物を山の中で育てるみたいなイメージです。からだもこころも自由に解き放つことで、子どもの脳（こころ）やからだの機能が促進することが広く理解されています。都市部であっても公園などでそういった環境はつくれます。

日本でもそのような幼稚園や小学校が出てきています。実現不可能ではありません。家庭の様子を見ると、高学歴親を中心に3歳から幼児教室に通って読み書きや記憶力の強化などに力を注ぎます。実はあまり意味のないことなので、公園など自然のある場所に連れて行ってと親たちに話します。

加えて、子どもが転びそうになっても助けないでほしいとも伝えます。あえて転ばせてみることです。そうすれば次から転ばなくなります。人間でも野生の勘はとても大事。その野生の勘をとにかく育てておくことが重要です。

脳育てができる親、できない親

「本当にもう、毎朝気を遣いながら声かけするんですけど、ものすごく不機嫌な日はもう怒鳴られっぱなしです。うるさいとか言って、本当に怖いです。夜中になると、部屋からガチャガチャ音が聞こえてきます。オンラインゲームをやってひとりで騒いでいます。どうしたらいいでしょう?」

20歳過ぎて家に引きこもっている子どもたちと同居する母親が、げっそりした顔で私のところにやってきます。

「とにかくね、早寝早起きをして生活リズムを整えよう!」

私は病院の外来やアクシスでこう伝え続け、溺れかけた親子を何とか川や海から引き揚げてきました。すんでのところで生き直せた彼らは「とにもかくにも生活リズム」を深く理解しています。

ところが、多くの人たちはすぐに信じてはくれません。効果が見えにくいからです。特に高学歴の親御さんは、目に見える成果を求めやすいと感じます。絵画や楽器など取り組んだものの出来栄え、テストの点数、通知表、模試のランク付け。学力、計算力、文章力といった「認知能力」です。

対する「非認知能力」は、意欲や自己肯定感、自立や協調、共感できる力といったこころの部分を指します。この非認知能力は生活リズムが整うとドンとアップするのですが、測定したり評価する数値がないので親御さんには届きません。

「からだの脳」が育てられていない子どものなかには、不登校、引きこもり、家庭内暴力、リストカットといった事態を引き起こすケースもあります。そこで私のほうから「こういうリスクがあるよ」と警告するのですが、多くの方が「うちはそうはならない」と思っています。

器械体操で全国大会出場を決めた。

水泳の記録会でいつもトップを飾る。

塾での成績別席順は常に最前列で、名門中学の模試でA判定。

そんな子どもたちが、朝はなかなか起きられない、家で暴力的な態度になる。

理由がわからない頭痛や腹痛があるといった問題があっても、親子はエリート街道を走り続けます。優秀なわが子が放つ光は、その影を覆い隠すのです。脳育ての価値がわからない人は、先のことを考えるのが苦手なのかもしれません。

目の前の些末なことよりも、大局を見ることができれば変われるのに。それを私はひしひしと感じます。

第5章

高学歴親のための「子育てメソッド」

親として毅然とした態度を貫く

「ちょっと聞くに堪えないんですよ」

そう言って知人はため息をつきました。聞けば、バイト先の塾にやって来る小学生が、偏差値を言い合ってはマウントし合うそうです。

「こないだの模試さ～、○○君は偏差値55だったんだけど、僕は56だったんだよね。僕が勝った」

模試の結果が出ると「見せろよ」と嫌がっている子の結果表を見ながら「おまえ、前の偏差値より落ちてるじゃん」などとからかうというのです。

中学受験を目指す子どもが通うこの塾、成績によって席替えやクラス替えがあります。子どもは正直なので、相手を蹴落として自分が上がっていくのだという気持ちがむき出しになります。塾の先生からも「みんなライバルなんだ。競争なんだ」と煽られます。みんなで協力して問題を解決する。そんな、大人たちが理想とする子ども像とは実は真逆の姿です。

このような環境のなかで、子どもは健やかに育つのでしょうか。

「環境の力は遺伝因子を凌駕する」

2000年代に入って、さまざまな研究者がそう言い始めました。研究論文が続々と発表され、「親をはじめ、周りの大人が子どもに提供する養育環境の重要性」が明確になったのです。

では、どのような養育環境を提供したらよいのか。このことを長く研究してきた私は、関連する調査結果や実践データをもとにして、アクシスの仲間とともに「ペアレンティング・トレーニング」を立ち上げました。ペアレンティングは「親のかかわり方」なので、子どもとの接し方について学ぶ場という意味です。内容は高学歴の親御さんたちに非常にアジャストしています。

ここでは、このペアレンティング・トレーニングをもとに、高学歴親向けメソッドをお伝えします。

私は高学歴の親御さんに、よくこの質問をします。

「ご家庭でお子さんに何か役割分担させていますか？」

この答えから、家庭のありようがよくわかるからです。すると、皆さんこんなことを口にします。

「いつも学校から帰ってきたらゲームばかりしているので、時々は洗濯物を取り込んでもらうというようなお手伝いをしてもらっています」

「うちはお風呂掃除を1回100円でやってもらっています」

「お小遣いを与えていないので、いろんなお手伝いにお駄賃を与えています。新聞を取ってきたら50円などと、細かく決めています」

お手伝いをしたらお駄賃を渡しますという方は、やはり財力のある高学歴親に多いです。でも、労働の対価として賃金（お駄賃）を親が子どもに支払うのは、筋が通りません。家族各々が生活するうえで助け合うのは当然のことで、対価が発生するものではありません。

「時々やってもらう」なんて、なぜそこまで親がへりくだらなくてはいけないのでしょう。親御さんたちに「もっと毅然とした態度で臨みなさーい！」と叫びそうになります。

子どもに対し「役割分担」させているのであれば脳育てにとって最高ですが、役割分担はお手伝いと同義語ではありません。家庭生活を担う家族のメンバーは、それぞれの能力に応じて、「必ずその人がやらなければならない作業の役割」を持つことを求めましょう。

逆に言えば、その人がやらない限り、その作業は永遠に行われないため家族全員が被害を被る覚悟を持たなければなりません。たとえば、子どもが米を炊く担当であれば「夕食にごはんがない！」とか、皿洗い担当なら「ごはんを食べるための食器が一枚もない！」といったことが起こりうるわけです。

そこまでして役割分担を求める理由は、子どもが18歳になったときに「社会で自分をフルに活かせる人間」になってほしいからです。すなわち、自立し自律できる人間に育てるためです。

今の時代、親が裕福でも子どもがそうなる保証はまったくありません。昭和まで日本は高度経済成長でお金を貯めると増える時代でしたが、今後は公的年金の受給さえ危うく老後の安泰はありません。つまり親御さんたちは、経済の大きな転換期で子育てしているわけです。

学歴社会が終焉したとは思いません。学歴を身にまとってもいいでしょう。優良企業に入って収入を上げる、自分でスタートアップ企業を作るなど、収入を得る方法はさまざまです。しかし、どこで生きようが、自分で考えて自分の収入の範囲で生活する力は必要です。

思い出すのは小学3年生のとき、娘は私とディズニーシーへ遊びに行きました。娘はグッズショップで立ち止まり「ミッキーの耳がついたカチューシャがほしい」と言い出しました。確か2300円くらいだったでしょうか。

私は「お金を貸すことはできるけど」と伝えました。店の外で「本当に人生に必要か?」「買ったら、どういう機会に何回くらい使うか」「貸したお金は月々何円ずつ返して、完済までにどのくらいの期間が必要か」について淡々と話をしました。

2時間後、結局、娘は購入しないことを決断しました。当時のお小遣いは毎月

４００円くらい。その中から月２００円返済すると1年かかり、小遣いが月２００円になる。それではほしいマンガが買えない！　一方でカチューシャは耳がついているので学校にはしていけないし……と自分なりに考えて、買うのを我慢するというより、買わないことを納得できたのです。

これよりもう少し小さいとき。たとえば3～5歳くらいまでの幼児期は、まだ「からだの脳」の時代です。第4章でも「からだの脳」時代は原始人だという話をしましたが、「これがほしい」と訴える脳の動きは、原始人が「敵がいる！」と狩りをするときと同じです。

したがって、「ほしい！」と訴える子どもに、頭ごなしに「ダメって言ったらダメなの！」と叱ってはいけません。訴えを理由も告げずはねのけることを繰り返すと、「これがほしい！」「これをやりたい！」という子どものエネルギーを枯渇させかねません。買って、買ってと騒ぐのはおかしなことではないのです。

この子どもの「ほしい」にぜひ共感してください。たとえば、オウム返しのように「そうなんだ。ジュースほしいよね。飲みたいんだね」と言います。そこで

「こういう理由があるから買ってください」と購入したい論拠を伝えることを教えましょう。

子ども側の要求をのめないことを、小さいときからロジックをもって伝えていくことで、最終的に「こころの脳」で自分で判断できる人間に育つのです。

幼児にスマホを与えない

「あなたはどんな子育ての軸を持ちたいですか？」

そんな質問をしたら、多くの親が「可能であれば、スマホを与えないという軸を持ちたい」と答えるでしょう。アクシスに集まる親御さんたちも皆「寝ているとき以外はスマホを手放しません」「食事中もスマホをいじってる」とほとほと困り果てた様子です。

第4章で紹介した『スマホ脳』によると、著者アンデシュ・ハンセンの母国スウェーデンでは2～3歳児の3人にひとりが毎日タブレットを使うそうです。すでに11歳児の98％がスマホを保持していると記されています。

その一方で、パソコン・スマホ・タブレットの電子機器を週に10時間以上使用する10代の若者は「幸福感を感じていない」割合が高いという結果が出ています。ＳＮＳユーザーの3分の2が「自分はダメな人間」と答え、同ユーザーの7割が「インスタグラムを見ることで自分の容姿に自信がなくなった」など精神面に明らかな悪影響を及ぼしています。

では、どう対処すればよいのでしょうか。

子どもの電子機器使用の対処は、脳の発達段階によって変わります。まず、0～5歳の「からだの脳」時代。この時期は、自然に湧き出る好奇心と注意分散を大事にしなくてはいけません。それなのに、好奇心を人工的に刺激しすぎるこれらのツールを与えるのは危険です。

したがって、この時代には大人が「与えない」選択をすることが正解です。代わりに与える刺激は「運動・遊び」「睡眠」「食事」です。幼児が食事中に椅子から降りて遊び始めるなど、気が散る様子が見られますが、この時期は原始的な感情をそのままに出しているだけなので見守ってください。

次に来る6～14歳を中核に育つ「おりこうさんの脳」時代。引き続き、好奇心により知識・情報をため込む時期です。知識や情報収集のツールとしてスマホなどの利用は推奨されます。興味や知識欲を見せたときは絶対に否定しないでください。

そうは言っても、スマホだけで知識を収集するのは限度があるため、そこに実体験を加えなくてはなりません。お金と時間に余裕があるのなら、そこに注入すべきです。たとえば機関車に興味を持ったのなら、今度の夏休みに山口県へＳＬに乗りに行く旅をする。そういったことが、生涯忘れられない知識の固着に役立ちます。たとえＶＲ体験などがあったとしても、蒸気機関車の蒸気の匂いなど、スマホの平面の知識にはないものを得られます。知識を蓄えたうえでの実体験を積ませてください。

人を含めた生物が、その感覚器官によって主体的に知覚し、直接働きかけることのできる環境を「環世界」と言います。この環世界のオプションを広げることが、この時代の究極のテーマだと考えます。生きている魚を見る、動物を飼育する、楽器を習ってみるなど、平たく言えば血の通ったリアルなものと触れ合うことを重視しましょう。スマホだけでは力不足なのです。

10〜18歳に訪れる「こころの脳」時代は、自分で考える、選ぶ、抑制するといった前頭葉の発達が高まる時期です。そんなときに、大人が叱る・さとすは百害あって一利なし。子どもの「考える」「選ぶ」「抑制する」の育ちをブロックしてしまいます。強硬に取り上げるのもNGです。

とはいえ、子どもの力だけでは完全にブロックするには無理があるため、利用時間の制限が唯一無二の方法と考えます。子ども自身に考えさせて、利用時間を選ばせてください。

「スマホ使用はどのくらいの時間ならOKですか?」といった質問をいただきます。生体リズムの調節に重要な役割を果たす「メラトニン」の分泌低下を防ぐため、寝る1時間前までにスマホを離すことをルールとして定めるのが望ましいです。

さらに、制限時間は親子の対話の中で決めること。親主導で決めてはいけません。たとえばこんな感じです。

睡眠は何より大切なのでそれは絶対に確保する。だけどスマホを長時間使うと睡眠の質も量も低下するので、制限したほうがいい。ただ自分で制限することは難しいのでルールを作ろう。9時までには寝ないといけないから、その1時間前として8時にはもう使えないようにする。学校から帰宅するのが4時とすると、4時から8時まではスマホは使える。が、宿題をする時にスマホがあると見ちゃうから4時から5時は宿題の時間にしてスマホは見ない。

5時から8時とするなどすべて、最初は子供が決めた通りにやってみましょう。うまくいかなければ、また話し合って変更していく。その繰り返しをたとえ面倒でも行うのです。

使用するアプリについても親子で話し合います。必要で安全なアプリはあらかじめ親子で話しあい、フリーで使えるようにします。その他新しいアプリを入れるときには、子どもに用途や目的をプレゼンさせるのです。そのような論拠を持って、相手の立場も尊重してパワーハラスメントに気をつけましょう。そうすれば高学歴親ならではの対処ができるはずです。

『スマホ脳』にこんな調査結果が書かれています。8〜11歳の子ども4000人を対象に、記憶力・集中力・言語能力テストをしたところ、スマホ・タブレット・ゲーム利用が1日2時間未満の子と、睡眠時間9〜11時間の子どもは、使用時間が長く睡眠時間が短い子どもより平均点が上という結果が出たのです。

運動も、「脳力」アップの効果が高いことがわかっています。小学5年生100人が、一日6分の運動を4週間続けたら、運動開始前よりも集中力・注意力・情報処理能力のいずれもアップしました。ほかにも運動が学習に良い影響を及ぼすことがわかっています。

子どもには成功談よりも失敗談を語る

みなさんは、子どもに自慢しすぎていないでしょうか？

高学歴の親御さんは「成績はいつもトップクラスだった」とか「大学受験のときは睡眠3時間で頑張った」などと、自身の武勇伝を子どもに言ってしまいがちです。自慢する材料があるからなのでしょうが、そこは能ある鷹は爪を隠すが如く胸にしまいましょう。

そうすべき理由は、子どもの意欲を削いでしまうからです。親は完璧だ、自分は親をどうしたって乗り越えられないなどと思わせてしまうと、子どもは自分にはもう伸びしろがないと判断します。「到底お父さんみたいにはなれない」と感じれば、自己肯定感も下がります。

実際、たゆまぬ努力を惜しまなかったからこそ自分のポジションを摑んだ高学歴親は多いです。それは事実だろうと思います。だからといって、子どもに「おまえは努力が足りない。お父さんはな……」とお説教するのは逆効果です。子どもたちの人生はまだ始まったばかりで、努力に向かう前の段階です。父親や母親の努力を超えられないのは、ある意味当然です。

それなのに、あまり早い時期に努力を押し付けてしまうと、何かに向かって努力する楽しさを自ら発見できない。そんな子どもが多いようです。

自慢話よりも、「お父さんがやらかした話」のほうが、子どもの自己肯定感は上がります。今は完璧だけど、昔はむちゃくちゃダメだった時代もあるよと失敗談を聞かせてあげることによって、子どもに自分にも伸びしろがあると気づかせましょう。

なぜならば「そんな失敗をしたのに、お父さんは大人になって楽しそうに生きている。僕も大丈夫だ」という安心感につながるからです。そのほうが、楽しくポジティブな雰囲気を家庭にもたらしてくれます。

家の中でお父さんは偉い、お母さんはすごいね、といった話になっても「いや、君みたいに歌が上手くなりたかったよ」「運動神経は全然おまえのほうが上だし」などと、いいところを褒めてあげてほしいのです。それがその子のモチベーションになることもあります。

具体的には、目の前の子どもと同じころ、同じ年齢のときの失敗談を話してあげましょう。超完璧な子ども時代を過ごした人であっても、何かひとつくらい失敗談があるはずです。遅刻したり、忘れ物をしたり、部活動をサボったり、もしくは友達にいじめられて落ち込んだといったネガティブな話でもいいのです。何か考えて用意してほしいと、私のところに来られる高学歴親の皆さんには伝えています。

あるお母さんは、ある分野の非常に優秀な研究員で表彰されるような方でした。夫も優秀な大学教員です。そんな両親へのコンプレックスと不適切な子育ての影響もあって、高校生の息子さんは暴力をふるうようになっていました。

私は息子さんへの基本的な対応を転換するよう伝えたうえで、「お母さんの失敗談を必ず話してあげてね。多少大げさでも構わないからさ」と話しました。

お母さんは、まず声掛けなど彼へのアプローチを少しずつ変えていきました。さらに、タイミングを見計らって自分の高校時代の話をしました。

「お母さんもさあ、順風満帆にきたように見えてもさ、高校のときは本当に英語が苦手でね。なんていうのかな。英語を発音するのが恥ずかしくてさ。赤点とったんだよ。追試もギリギリでさ」

すると、息子さんの暴力は鎮まり、態度が変わっていきました。

子どもの「偏り・こだわり」を尊重する

学校にいるときとお風呂以外はゲーム機を離さない。ゲーム依存のような生活を送る小学4年生のケンヤ君を育てるお母さんが、相談に来ました。

「うちの子、くだらないゲームに出てくるワードしか言わなくて。私にはよくわかんないし。なにしろ会話が成り立ちません。遅刻はするし、勉強もまったくしません」

口をつくのは、息子に対する否定しかありませんでした。そして、親にとってゲームは「敵」なので、ほとんどの場合「ほんっと、くだらない！」などと酷評します。そこでさらに険悪になるのです。よって、家では「ゲームやめなさい！」「いつまでやってるの！」と怒鳴りまくる日々。そのなかで、1時間の遅刻が2時間になり、半日になり、とうとう不登校になりました。

その後、アクシスで子育ての軸を整えたお母さんは、ケンヤ君への態度をがらりと変えました。ゲームにまったく興味はなかったのですが、初めて尋ねました。

「お母さん全然わかんないから、どんなゲームなのか、ちょっと教えてよ」

母親に聞かれたケンヤ君はニコニコして「これはね」と話し始めたそうです。こだわりが強い彼は、もともとおしゃべりが大好きです。お母さんが「へえ〜。誰と誰が対戦してるの?」などと話しかけるたびにご機嫌になりました。

お母さんはゲームを「くだらない」と言わないこと、ケンヤ君のことを否定しないことを心がけました。すると、母子の関係性はどんどん良くなりました。それと同時に、学校へ行ける日が増えていきました。


物事への強いこだわりが人生を切り拓くきっかけになったのがアキラ君です。パソコンが大好きで器用さもありました。昼夜逆転に近い生活にお母さんは怒ってばかりいました。

そこで、まずは寝る時刻だけ決めて、それ以外は自由にさせようという作戦をスタート。パソコンを使う時間はお母さんとアキラ君で話し合ってもらいました。話し合いの結果、寝る時刻の1時間前にノートパソコンを母親に返却するというルールになりました。

それはいいのですが、もうひとプッシュしなくてはなりません。1時間前の「パソコン返却」について、子どもが納得できる理由が必要です。単純に「約束だから守れ」ではなく、守りたくなる、あるいは守らざるを得ないと子どもが思う理由を伝えるのです。

お母さんと私とで話し合い、こう話すことにしました。

「パソコンを夜遅くまでやると睡眠時間が減ります。すると、大人になって死亡率が高くなったり、がんの発症率が高くなったり、肥満にもなりやすい。生活習慣病の発症率も高くなるよね。わが家の軸として、子どもを死なせないっていう方針があるので、少なくとも私より前に死んではいけません」

大人が聞けば、そんな大げさなと笑われるかもしれません。が、このことをお母さんは大真面目に伝えてくれました。すると、アキラ君はそのことをちゃんと受け止めたようで、パソコンを時間通りに返すようになりました。

その後、6年生くらいから独学でプログラミングを開始。中学は、プログラミングなどICT教育に力を入れている学校を選びました。成人してからは海外の企業と共同プロジェクトを組むなど、エンジニアとして目覚ましい活躍を遂げています。

第1章の19ページに載せた十角形のグラフを覚えていますか。あれには続きがあります。あの調査は2017年のものですが、その後2021年にかけて親子関係の経年変化を調べたものが左ページのグラフです。私たちがペアレンティング・トレーニングを施した結果、親の干渉・矛盾・溺愛が改善され、新型コロナ感染拡大の不安な時期も問題なく生活できました。

数年前に高校を卒業したコウ君は、ジュエリーデザイナーになりたいと専門学校に行きました。高偏差値の中学校に通っていたのですが、上述した2人同様にパソコンやスマホなどをずっといじっている生活でした。高学歴のお母さんは息

**2017年〜2021年
TK式診断的新親子関係検査の
平均値の経時変化**

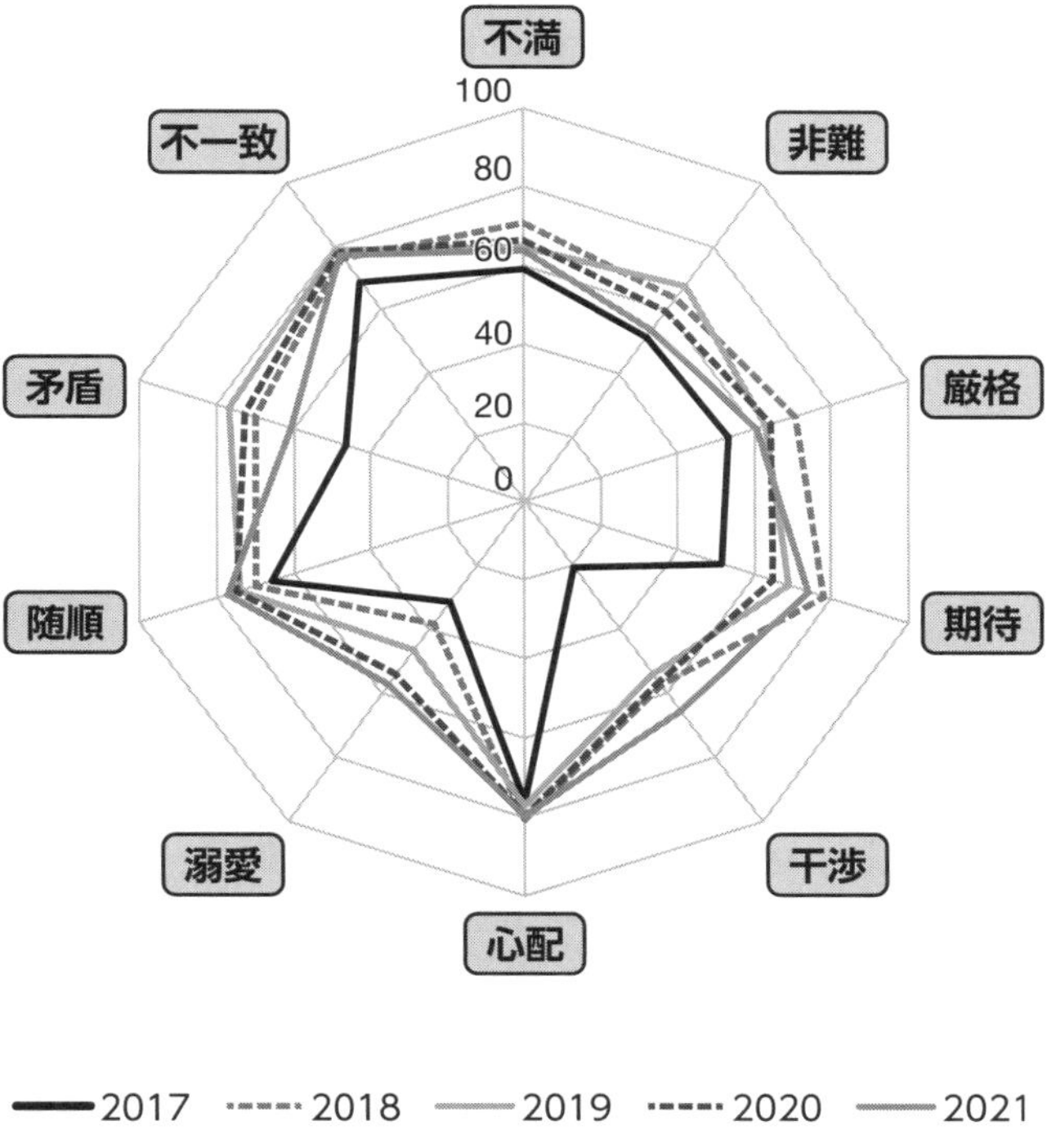

子を何とか勉強に向かわせたかったのですが、コウ君は自分で自分の道を見つけたのです。

彼が専門学校進学を言い出したとき、お母さんは当初とても抵抗があったようです。よい大学に行って、大企業に入ってというエリートロードを目指していたので「職人は収入が不安定なのではないか」と難色を示していました。

しかし、実際に統計を見ると、専門学校を卒業した学生のほうが圧倒的に就職率が高いことがわかりました。高い技術を身につけ、資格を取らせてくれる学校もあります。将来使える資格が取れるため、実は専門学校に行くメリットが高いことを理解してもらいました。

親たちが悩むわが子の「こだわり、偏り」は、実はこうやって子どもたちの武器になります。そうなるには、親がそれを欠点だととらえないことが大切です。

「うちの子、面白いのよ」「ユニークなの」「そこまでこだわれちゃうのってある意味凄いことかも」

そんなふうに、物事を異なる角度から見たり、柔軟にとらえるよう意識してください。もとより高学歴の親御さんは、呑み込みが早いです。メリット、デメリットやその論拠などをスムーズに理解し、一度納得すると解決までそんなに時間はかかりません。

いつも明るくご機嫌に

親は、子どもがいじめに遭った、成績が落ちた、不登校になるなどネガティブな出来事に動揺しがちです。子どもへの信頼を忘れて心配し、干渉したくなります。特に頑張り屋の高学歴親は、意外に「スポ根」と親和性が高いところがあります。楽しむ視点より競争に勝つことに重きを置くので、ついていけない子どもは苦しみます。

そうならないためには、日ごろから笑顔をつくったり、物事をポジティブに転換して考える訓練をしておくことが重要です。

たとえば「学校に行きたくない」と言った中学生に対し、「そうやって怠け癖をつけると、人間は堕落するんだ。引きこもりになって社会に出られなくなってしまうぞ」と怒鳴りつけたお父さんがいました。それとは逆に「何か不安があるんだね。行きたくなるまで行かなくてもいいよ。大丈夫。言いたくなったら理由を聞かせて」と笑顔で対応してほしいと思います。

何かが起きたとき、親が「えーっ」と不安な顔を見せるのと、「いや、あなたなら大丈夫」と信頼を寄せるのでは雲泥の差です。

なかでも、子どもがいじめられているかもしれないとわかったとき、親御さんの多くが戦闘態勢になります。一見やさしそうなお母さんが「私が守ってあげないと」と目つきが鋭くなります。そうではなく、子どもが小学4年生以降であれば、自分がどう考えているのかを聞き取ることから始めましょう。もし不利益な目に遭ったのなら、先生にそれをちゃんと自分で話すよう伝えます。自分に非がある場合もあるので、そこを踏まえたうえで問題解決のためにどうするか。たとえば仲直りできそうなのか、そうでないのか。自分で考えるよう促してください。

もうひとつ大切なのは、親が他者にこころから「おかげさま」の気持ちを持って、表現することです。親御さんたちから「明日学校に面談に行くんですけど、私は（担任の先生に）何を言ったらいいでしょうか？」と相談されることがあります。皆さん頭の中に言いたいことや聞いてみたいことはあるのですが、順序だてて言えなかったり、どう話せばいいのか迷うようです。じゃあ、ちょっと練習してみようか？　と言って私と一緒にリハーサルをします。

「いつもお世話になっています。この間は息子がご迷惑をかけて申し訳ございませんでした。先生にいろいろ気を配っていただいたおかげで、息子もちょっと安定してきました。ありがとうございます」

本題に入る前に、このように必ず「おかげさま」の気持ちを強調します。そこをやっておかないと、多くの場合、自分の息子はこんなことで困っている。こんなふうに傷ついている。だからどうにかしてほしいというように、自分の主張だけを言ってしまいます。これは、恐らくその方の親がそういう「おかげさまで」と頭を下げる姿を見せていないからだと思われます。

アクシスでは、このテーマに関して「ポジティブシンキング『おかげさま』を思いつこう！」というワークを行いました。ポイントとしては、「〇〇のせいで……ムカッ!!」となることを、視点を変えることで「〇〇のおかげで、こんないいことがあった!!」と転換できることを学びます。視点を変える努力をして、その結果、家庭内に良いサイクルを作ろうというものです。

そのため、まずは「〇〇のせいで」嫌な気分になったことを挙げるのですが、そのエピソードがあまりに多くて驚かされました。

「夫のせいで、ムカつく」

「子どもの言動のせいで嫌な気持ちになる」

「同僚の態度のせいで傷つく」

参加した親たちの積年の思いがあたかも噴出するマグマのごとく、といった様相でした。思考を転換しやすいよう、あらかじめ「こんな嫌なことをされたが」といった例題を用意し、「おかげでこんな気づきがあった」というような練習をしてから、実際に自分のマグマと向き合ってもらいました。たとえば「～でムカつく。でも、おかげさまで、～があった」というようなものです。

ところが、例題での練習は結構上手に「おかげさまで」に変えられるのに、自分のリアルマグマになると「ダメッ！　どうしても無理」とか「積年の恨みが噴出してくる！」などとネガティブオーラ全開になるのです。そこで、褒めたり、完全にポジティブになるのを目指すのではなく、皮肉もちょっと込めつつ「〇〇のおかげで、面白い人生になったよ」と言おう、ということで納得してもらいました。

このポジティブ転換は、たとえば「子どもが宿題をしない」ことをそのままとらえればネガティブな事象にしかなりません。それを「宿題をまったくしないでも平気でいられる、こりゃまたなんて肝の据わった子どもだろう！」というとらえ方もあります。それを親御さんが思いつけば、子育てで出てくる言葉は変わってくるはずです。

肝心なのは、本心からそう思えということではなく、そういう考え方もあるかもと、親御さんが思いつくだけでＯＫです。そうすれば「宿題を全然しない君は、将来高校受験でも落ちこぼれになって、いい高校に行けなくて、結果、社会からも落ちこぼれていくんだよ」などという恐ろしい呪いの言葉はなくなります。

代わりに「お母さんだったらそれだけ宿題サボってたら、学校行きたくないって思うけど、あんたはめっちゃ大物なのかもしれないわねえ」などと言えるわけです。子どもが「私は全然宿題しないからどうせ社会の落ちこぼれだ」と刷り込まれて育っていくより、「私はかなりな大物だ」と能天気にとらえて育つほうが、たくさんの幸せを拾える子になりそうだと思うのです。この「○○のせいで」を「おかげさま」に置き換えるポジティブ転換、ぜひ試してみてください。

極太の軸を持つ

高学歴親家庭では、子育ての「軸」が勉強になっています。ところが、「必ず毎日宿題をする」を軸にしてしまうとブレやすくなります。その時々の子どもの発達において、何が大事なのか。目の前のわが子が一生幸せに暮らすための「軸」を何にするかを考えてみてください。

まずは「早寝早起き朝ごはん」、これは絶対に譲れません。絶対軸としてあるわけです。たとえば、土・日ともサッカーの試合があって、夜になり宿題をしていないことが判明します。すると、親御さんは「今日は寝る時間を遅らせても宿題を終わらせなさい」と言います。

これは、子どもからすれば、親が「早寝早起き朝ごはん」は絶対ですと最初に言ったのに、「宿題やるまで寝かせません」と命じるのは、大きな矛盾です。宿題をするという軸をもう一本立ててると、最初の絶対軸は容易につぶされてしまう。つまり、子どもからすればダブルスタンダードになります。

第1章でも伝えましたが、この矛盾は子どもの不安をかき立てます。そうならないためには、他の軸が入り込めないくらいの極太の軸を立てなくてはなりません。観たい番組があっても、就寝時間を過ぎてしまうのであれば「うちには軸があります。録画して後で観ようね」と言ってさっさと寝てもらいましょう。一日24時間のうち、学校で過ごす時間と睡眠、食事、入浴、お手伝いなどの生活時間を引いたら、せいぜい1時間半くらいしかありません。その余った時間を勉強に当てればよいのです。

にもかかわらず、勉強をメインにする高学歴親家庭は少なくありません。

「あなたは宿題やって、塾の復習もやって。時間割や明日の支度は全部お母さんがやるから」

「学校でいじめられた？　じゃあ、ママが先生に言っとくから、あなたは何も心配せずに勉強しなさい」

いずれも私が実際に聞いた言葉です。

宿題をやらない。勉強ができない。子どものネガティブな面を目にすると、親御さんは他人の目が気になり始めます。ほかの子どもと比較もします。羨望、嫉妬の渦に巻き込まれ、軸がブレやすくなります。

「わかってはいるんだけど、なかなかできなくて」と、皆さんよくおっしゃいます。

そう言いつつも、あるべき軸を知っていればまた戻れます。知っているのと知らないのとでは、天と地ほどの違いがあるのですから。

その軸を本書で見つけていただければ嬉しいです。

あとがき

本書のなかでは散々批判をしてきましたが、「高学歴親」はもちろん悪いことばかりではありません。理解力が高く、努力家で、経済的にも恵まれている。本来は物事をうまく運べるはずの人たちです。

では、なぜ子育てがうまくいかないかと言えば、それは相手が「子ども」という未知なるものであり、特に幼少期は論理より感情の動物であり、高学歴親のこれまでの成功体験がまるで通用しないからです。

でも、子育てに困難がともなうのは、それこそ古今東西、どの家庭の親御さんでも同じはず。高学歴親は、うまくいかないときに「なんでうまくいかないの？」と落ち込む幅が大きいのだと思います。

ようは、視点の問題です。視点を変えれば、すべてが好転する可能性があります。「子育てなんてうまくいかなくて当たり前」「この点ではうまくいって、私たち親子はラッキー」くらいの視点を持てれば、心がぐっと楽になります。

かくいう私たち夫婦も両方が医師で、世間から見れば「高学歴親」に当てはまるのでしょう。でも、私の両親が明確に「高学歴親」のネガティブな面を見せてくれた「おかげさま」で自分の子育てでは迷わずに済み、自分たちの人生を楽しむことができました。娘のテストの点数に一喜一憂するどころか、正直ほとんど点数を見たことがありません。本書でも何度も登場してもらった娘には、良い「実験結果」を見せてくれてありがとうと、この場を借りて感謝を伝えたいです。

子どもには子どもの人格があり、決して親の所有物ではありません。違う人格である以上、価値観も異なります。もっともやってはいけないことが「価値観の押し付け」だと、本書を読めばわかっていただけたと思います。

子どもが親にいちばんしてほしいことは、信じてもらうことです。

子育てとは、心配を信頼に変える旅。その言葉をもう一度お伝えして、本書の締めくくりとしたいと思います。

成田奈緒子

1963年、仙台市生まれ。神戸大学医学部卒業、医学博士。神戸大学医学部で山中伸弥氏と机を並べた同級生。米国セントルイスワシントン大学医学部、獨協医科大学、筑波大学基礎医学系を経て2005年より文教大学教育学部特別支援教育専修准教授、2009年より同教授。2014年より子育て支援事業「子育て科学アクシス」代表。前作の山中氏との共著『山中教授、同級生の小児脳科学者と子育てを語る』がベストセラーとなり話題に。

講談社+α《プラスアルファ》新書 862-1 C

高《こう》学《がく》歴《れき》親《おや》という病《やまい》

成《なり》田《た》奈《な》緒《お》子《こ》

2023年1月18日第1刷発行
2023年2月27日第4刷発行

発行者――――鈴木章一
発行所――――株式会社 講談社
東京都文京区音羽2-12-21 〒112-8001
電話 編集(03)5395-3522
販売(03)5395-4415
業務(03)5395-3615

デザイン――――鈴木成一デザイン室
カバー印刷――――共同印刷株式会社
印刷――――株式会社新藤慶昌堂
製本――――牧製本印刷株式会社

KODANSHA

定価はカバーに表示してあります。

落丁本・乱丁本は購入書店名を明記のうえ、小社業務あてにお送りください。

送料は小社負担にてお取り替えします。

なお、この本の内容についてのお問い合わせは第一事業局企画部「+α新書」あてにお願いいたします。

Printed in Japan
ISBN978-4-06-530212-5

講談社+α新書

生贄探し　暴走する脳
中野信子　ヤマザキマリ
「世間の目」が恐ろしいのはなぜか。知っておきたい日本人の脳の特性と多様性のある生き方
968円　823-2　C

ソフトバンク崩壊の恐怖と農中・ゆうちょに迫る金融危機
黒川敦彦
巨大投資会社となったソフトバンク、農家の預金等１０８兆を運用する農中が抱える爆弾とは
924円　824-1　C

ソフトバンク「巨額赤字の結末」とメガバンク危機
黒川敦彦
コロナ危機でますます膨張する金融資本。崩壊のXデーはいつか。人気YouTuberが読み解く。
924円　824-2　C

次世代半導体素材ＧａＮの挑戦
22世紀の世界を先導する日本の科学技術
天野浩
ノーベル賞から6年——日本発、21世紀最大の産業が出現する!!　産学共同で目指す日本復活
968円　825-1　C

会計が驚くほどわかる魔法の10フレーズ
前田順一郎
この10フレーズを覚えるだけで会計がわかる！「超一流」がこっそり教える最短距離の勉強法
990円　826-1　C

ＥＳＧ思考　激変資本主義１９９０—２０２０、経営者も投資家もここまで変わった
夫馬賢治
世界のマネー３０００兆円はなぜ本気で温暖化対策に動き出したのか？　話題のＥＳＧ入門
968円　827-1　C

超入門カーボンニュートラル
夫馬賢治
カーボンニュートラルから新たな資本主義が誕生する。第一人者による脱炭素社会の基礎知識
946円　827-2　C

内向型人間が無理せず幸せになる唯一の方法
スーザン・ケイン　古草秀子 訳
成功する人は外向型という常識を覆した全米ミリオンセラー。孤独を愛する人に女神は微笑む
990円　828-1　A

トヨタ チーフエンジニアの仕事
北川尚人
ＧＡＦＡも手本にするトヨタの製品開発システム。その司令塔の仕事と資質を明らかにする
968円　829-1　C

ダークサイド投資術　元経済ヤクザが明かす「アフター・コロナ」を生き抜く黒いマネーの流儀
猫組長(菅原潮)
恐慌と戦争の暗黒時代にも揺るがない「王道の投資」を、元経済ヤクザが緊急指南！
968円　830-1　C

カルト化するマネーの新世界　元経済ヤクザが明かす「黒い経済」のニューノーマル
猫組長(菅原潮)
投資の常識が大崩壊した新型コロナ時代に、元経済ヤクザが放つ「本物の資産形成入門」
968円　830-2　C

表示価格はすべて税込価格（税10%）です。価格は変更することがあります

講談社+α新書

書名	著者	内容	価格	番号
この国を覆う憎悪と嘲笑の濁流の正体	青木理 安田浩一	ネットに溢れる悪意に満ちたデマや誹謗中傷、その病理を論客二人が重層的に解き明かす！	990円	841-1 C
ほめて伸ばすコーチング	林壮一	楽しくなければスポーツじゃない！ 子供の力がひとりでに伸びる「魔法のコーチング法」	946円	842-1 C
「方法論」より「目的論」 「それって意味ありますか？」からはじめよう	安田秀一	日本社会の「迷走」と「場当たり感」の根源は方法論の呪縛！ 気鋭の経営者が痛快に説く！	880円	843-1 C
自壊するメディア	望月衣塑子 五百旗頭幸男	メディアはだれのために取材、報道しているのか。全国民が不信の目を向けるマスコミの真実	968円	844-1 C
認知症の私から見える社会	丹野智文	認知症になっても「何もできなくなる」わけではない！ 当事者達の本音から見えるリアル	880円	845-1 C
岸田ビジョン 分断から協調へ	岸田文雄	全てはここから始まった！ 第百代総理がその政策と半生をまとめた初の著書。全国民必読	946円	846-1 C
「定年」からでも間に合う老後の資産運用	風呂内亜矢	自分流「ライフプランニングシート」でそこそこ働きそこそこ楽しむ幸せな老後を手に入れる	946円	847-1 C
超入門 デジタルセキュリティ	中谷昇	6G、そして米中デジタル戦争下の経済安全保障において私たちが知るべきリスクとは？	990円	848-1 C
60歳からのマンション学	日下部理絵	マンションは安心できる「終の棲家」になるのか？「負動産」で泣かないための知恵満載	990円	849-1 C
2050 日本再生への25のTODOリスト	小黒一正	人口減少、貧困化、低成長の現実を打破するために国家がやるべきたったこれだけの改革！	1100円	850-1 C
民族と文明で読み解く大アジア史	宇山卓栄	国際情勢を深層から動かしてきた「民族」と「文明」、その歴史からどんな未来が予測可能か？	1320円	851-1 C

表示価格はすべて税込価格（税10％）です。価格は変更することがあります

講談社＋α新書

中学生から大人まで楽しめる 算数・数学間違い探し

芳沢光雄

中学数学までの知識で解ける「知的たくらみ」に満ちた全50問！ 数学的思考力と理解力を磨く

990円 861-1 A

高学歴親という病

成田奈緒子

なぜ高学歴な親ほど子育てに失敗するのか？ 山中伸弥教授も絶賛する新しい子育てメソッド

990円 862-1 C

表示価格はすべて税込価格（税10％）です。価格は変更することがあります